Lindemann Group

PETER SCHIEßL

Microsoft

Excel 2003

Schulungsbuch mit Übungen

ISBN 979-8-453145-44-7
Print on Demand since 2003 in several editions
V241012 / Lindemann Group

Herausgeber: Lindemann BHIT, München
Postanschrift: LE/Schießl, Fortnerstr. 8, 80933 München
E-Mail: post@kamiprint.de Fax: 0049 (0)89 99 95 46 83
© Dipl.-Ing. (FH) Peter Schießl, München
www.lindemann-beer.com / www.kamiprint.de

Alle Rechte vorbehalten.
Sowohl die Vervielfältigung einzelner Seiten,
die Speicherung auf Datenträgern, als auch jede andere Nutzung,
z.B. die Verwendung des Buches oder der Übungen bei einem
Computerkurs, sofern nicht jeder Teilnehmer das Buch erworben hat,
bedürfen der schriftlichen Genehmigung durch den Autor.
Gerichtsstand ist München.

Dieses Buch wurde mit größter Sorgfalt erstellt.
Dennoch kann weder Verlag noch Autor aufgrund der Vielfalt an
Soft- und Hardware irgendeine Haftung für Schäden durch Fehler des
Buches oder der beschriebenen Programme übernehmen.
Produkt- und Preisänderungen vorbehalten.

Produktnamen sind eingetragene Markenzeichen der jeweiligen
Hersteller, die nur zum Zwecke der Identifikation genannt werden.

Dieses Buch wurde anhand einer vollständigen Installation der ersten Ausgabe von MS Excel 2003 und dem damaligen Windows 2000 erstellt. Abweichungen von den Beschreibungen und Abbildungen sind durch eine benutzerdefinierte Installation oder Veränderungen durch andere installierte Software oder seitens Microsoft bei Updates oder neueren Ausgaben möglich.

Inhaltsverzeichnis

1. Teil *7*
GRUNDLAGEN **7**

1. Programme und Fenster — 9
1.1 Excel starten 9
    1.1.1 Die Schnellstartleiste 10
1.2 Eingabe in Excel 10
    1.2.1 Die erste Tabelle 10
    1.2.2 Fehler korrigieren 11
    1.2.3 Eintrag ersetzen 11
1.3 Über die Befehle 12
    1.3.1 Befehle verschwinden 12
    1.3.2 Alle anzeigen und Symbolleisten 13
    1.3.3 Befehl, Symbol oder Shortcut 14

2. Speichern und Ordner — 15
2.1 Äußerst wichtiges Grundwissen 15
2.2 Neuer Ordner 16
2.3 Datei schließen 17
2.4 Abschlussübung 18

3. Arbeitsmappe und Tabellen — 19
3.1 Was ist Excel? 19
3.2 Unterschied Datenbank-Kalkulation 19
3.3 Die Arbeitsmappe 20
3.4 Blätter ergänzen und löschen 21
3.5 Zeilen und Spalten 22
3.6 Die Bezeichnungen der Spalten und Zeilen 22
3.7 Kopieren und Verschieben 23
    3.7.1 Übung Kopieren 24
    3.7.2 Umstellen 24

4. Der Excel-Bildschirm — 25
4.1 Der Aufgabenbereich 25
4.2 Einige wichtige Symbole 26
4.3 Die Spalten sortieren 27
4.4 Tabelle formatieren 28
4.5 Die Seitenansicht 29
4.6 Seite einrichten 29
    4.6.1 Das Papierformat 30
    4.6.2 Die Seitenränder 30
    4.6.3 Die Kopfzeile und Fußzeile 31
    4.6.4 Kopf- und Fußzeile einrichten 31
4.7 Die Bildlaufleiste 33
4.8 Zusammenfassung 34

2. Teil *35*

BERECHNUNGEN IM EXCEL 35

5. Eine Summe berechnen — 37
5.1 Übung vorbereiten... 37
5.2 Die Eingabemöglichkeiten.. 38
5.3 Die automatische Summe... 38
5.4 Tabelle fertigstellen 39
5.5 Neuer Monat, neues Blatt, Umbenennen 40

6. Formel und Koordinaten — 41
6.1 Schnelleingabe durch Zeigen.. 42
6.2 Formel kopieren 42
6.3 Mit Summe das Ergebnis einfügen 43
6.4 Absolute und relative Koordinaten...................................... 43
    6.4.1 Relative Bezüge.. 43
    6.4.2 Absolute Bezüge 44
    6.4.3 Formel absolut kopieren 44
    6.4.4 Stellvertreter.. 44
6.5 Die Überschrift gestalten 45
6.6 Format übertragen... 45
6.7 Übung Raumberechnung 46

7. Der Funktionsassistent — 47
7.1 Lottozahlen mit dem Funktionsassistenten 47
    7.1.1 Über die Kategorien 48
    7.1.2 Die Hilfe... 48
    7.1.3 Formel ergänzen 49
    7.1.4 Ergebnisse fixieren 50
    7.1.5 Die Smarttags 50
    7.1.6 Werte aufbereiten.. 51
7.2 Abschreibung... 51
    7.2.1 Funktion suchen 52
    7.2.2 Formeleingabe durch Zeigen................................... 53
    7.2.3 Formel kopieren 53
    7.2.4 Zum Abschluss... 54

8. Rechnung, Kommentar, Datum — 55
8.1 Die Zahlenformate... 55
8.2 Die Mehrwertsteuer... 57
8.3 Ein Kommentar 58
    8.3.1 Kommentare ändern.. 59
8.4 Das aktuelle Datum einfügen... 59
    8.4.1 Berechnungen mit Datum 60
8.5 Rechnung rationalisieren 61
8.6 Rechnung in Word übernehmen.. 62

9. Eine Haushaltsplanung — 63
9.1 Automatisch Ausfüllen mit Reihe... 64
9.2 Mit Kommentaren dokumentieren 66
9.3 Übersicht ergänzen 67
9.4 Die Ausgaben 68

3. Teil *69*

MIT ZINSEN RECHNEN 69

10. Kredit berechnen — 71
10.1 Das Prinzip der Rechnung... 71
10.2 Die Berechnung 72
10.3 Die zweite Zeile 72
10.4 Ausfüllen 73
10.5 Zeilen zählen 74
10.6 Problem Zahlenformat 75
10.7 Euro-Währungsrechner 76
10.8 Währungsumrechnung... 76

11. Die Finanzformel RMZ — 77
11.1 Das Eingabemenü 78
11.2 Erläuterungen 78
11.3 Die Funktion 79
11.4 Excel-Kreditvorlage... 80

12. Ein Sparbrief — 81
12.1 Betrag ansparen.. 81
12.2 Die Sparraten ermitteln 82
12.3 Sparen in Handarbeit.. 83
12.4 Weitere Formeln 84

4. Teil *85*

ERWEITERTE FORMATIERUNGEN 85

13. Ausblenden, Zeichnen — 87
13.1 Ausblenden... 87
13.2 Zeichnen im Excel 88
13.3 AutoFormat... 90

14. Der Aufgabenbereich — 91
14.1 Erste Schritte 91
14.2 Die Zwischenablage 92
14.3 Suchergebnisse und Recherchieren 92
14.4 ClipArts 93
14.5 Freigegebener Arbeitsbereich 94

15. Die Excel-Vorlagen — 95
15.1 Vorlage auswählen 95
15.2 Umgang mit einer Vorlage 96
15.3 Die Daten.. 97
    15.3.1 Daten speichern... 97
15.4 Blatt schützen 98
15.5 Als Vorlage speichern 98

16. Formatvorlagen in Excel — 99
16.1 Eine neue Formatvorlage 100
    16.1.1 Formatvorlage einstellen... 100
    16.1.2 Formatvorlage ändern 101
16.2 Formatvorlage zuweisen 101
    16.2.1 Zellen verbinden 101

16.2.2 Schaltfläche ergänzen 102
16.2.3 Formatvorlage wechseln 103
16.2.4 Währungsformat 104
16.3 Die Zahlen formatieren 105
16.4 Vorteile der Formatvorlagen 106

5. Teil *107*
ERWEITERTE ANWENDUNGEN 107

17. Eine Versuchsreihe — 109
17.1 Auswertung mit Excel 109
17.2 Runden 111
17.3 Formeln kopieren 111
17.4 Fehlermeldungen im Excel 2003 112

18. Ein Diagramm erstellen — 113
18.1 Als neues Blatt 116
18.2 Diagramm korrigieren 117
18.3 Werte ergänzen oder löschen 118
18.4 Achsenbeschriftungen 119
18.5 Abschlussübung 119

19. Weitere Übungen — 121
19.1 Eine Reisekostenabrechnung 121
19.2 Währungstabelle 122
19.3 Notenauswertung mit SVerweis 123
19.4 Monatsgehälter mit Prämien 125
19.5 Logik 127
19.6 Trendberechnung 129

20. Pivot-Tabelle — 131
20.1 Übungstabelle erstellen 131

6. Teil *135*
ANHANG 135

21. Externe Daten, Überwachung — 137
21.1 Externe Daten 137
21.2 Aus- und Einblenden 138
21.3 Formelüberwachung 139
21.3.1 Gültigkeitsregeln 140
21.3.2 Zellüberwachung 141

22. Daten schützen — 143
22.1 Blatt oder Mappe schützen 143
22.1.1 Blattschutz mit änderbaren Bereichen 144
22.1.2 Blattschutz einstellen 145
22.2 Daten verschlüsseln 146
22.3 Andere Schutzmaßnahmen 146

23. Index — 147

1. Teil

Grundlagen

Allgemeine Abkürzungen:

Dateien:	
[Strg]-s	Speichern
[Strg]-p	Drucken
[Strg]-f	Suchen
[Strg]-k	Hyperlink einfügen
Datum und Uhrzeit:	
[Strg]-[.]	Datum einfügen.
[Strg]-[Umschalt]-[.]	Uhrzeit einfügen.
Rückgängig, Kopieren:	
[Strg]-z	Rückgängig
[Strg]-x, c, v	Ausschneiden, Kopieren, Einfügen.
Wichtige Tasten:	
[F1]	Hilfe
[Esc]	Abbrechen, ohne Änderung verlassen.
[Alt]-[Return]	Neue Zeile in Zelle erzwingen.

Kapitel 1

1. Programme und Fenster

1.1 Excel starten

➢ Klicken Sie auf Start. Beachten Sie:
  ➢ Maustaste loslassen, das Startmenü bleibt geöffnet und Sie können sich mit der Maus durch die Menüs bewegen (ohne zu drücken!).
  ➢ Erst wieder drücken, wenn das gewünschte Programm gefunden ist.

Auf jedem Rechner sind andere Programme installiert, darum gibt es andere Starteinträge. Excel 2003 finden Sie entweder direkt unter „Alle Programme" oder auf jeden Fall in dem Ordner **Microsoft Office 2003**.

1.1.1 Die Schnellstartleiste

Wir empfehlen, wenn Sie sehr oft mit MS Excel arbeiten, ein Symbol in der **Schnellstartleiste** einzurichten.

- Die **Schnellstartleiste** können Sie im Windows XP aktivieren, indem Sie auf Start die rechte Maustaste drücken und Eigenschaften wählen.
  - In diesem Menü können Sie auf der ersten Karteikarte „**Taskleiste**" die Schnellstartleiste aktivieren.
- Dann können Sie den Excel-Starteintrag mit gedrückter linker Maustaste nach unten in die Schnellstartleiste direkt neben Start ziehen.
  - Wenn Sie dabei die [**Strg**]-Taste gedrückt halten, wird der Startaufruf nicht verschoben, sondern kopiert, was an dem kleinem „+" an der Maus erkennbar ist.

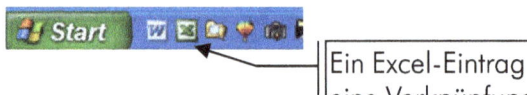

Ein Excel-Eintrag in der Startleiste stört nicht so wie eine Verknüpfung auf dem Bildschirm.

1.2 Eingabe in Excel

- In ein anderes **Tabellenfeld** kommen Sie
  - mit den **Richtungstasten**,
  - mit **Return** oder mit der [**Tab**]-Taste.
- Die einfachste Methode ist, mit der **Maus** das neue Feld anzuklicken.

1.2.1 Die erste Tabelle

- Starten Sie **MS Excel 2003**. Den Aufgabenbereich rechts können Sie vorerst schließen.

- **Schreiben** Sie folgendes **Telefon-Durchwahlverzeichnis** als Ihre erste Tabelle:

Walter	Schalter	Technik	222
Heinz	Chef	Leitung	111
Dietmar	Fleißig	Vertrieb	232
Eleonore	Neu	Leitung	123
Sepp	Kraxel	Applikation	321
Gabi	Gaban	Kundendienst	254
Enter	Taste	ETV	214
Tatiana	Schmidt	Vertrieb	253
Anton	Kanton	Vertrieb	254
Anton	Überflüssig	Leitung	287

1.2.2 Fehler korrigieren

Sie können eine Zelle anklicken und mit der [**Entf**]-Taste den Inhalt komplett **löschen**. Um den Inhalt zu korrigieren, gibt es zwei Varianten:

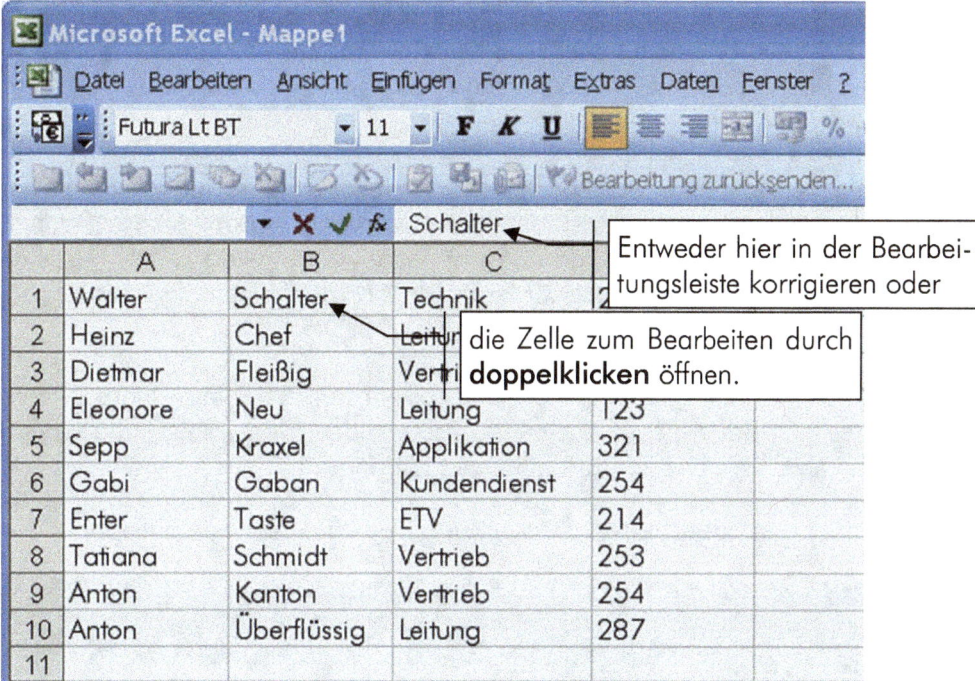

Wenn der Cursor an der richtigen Stelle blinkt (Cursor mit der Maus oder den Richtungstasten versetzen), können Sie wie gewohnt mit der [**Rück**]-**Taste** oder der [**Entf**]-**Taste** löschen.

Korrigieren Sie:

- **Walter Schalter** zu **Walter Malter** und
- **ETV** zu **EDV**.

1.2.3 Eintrag ersetzen

Hierfür reicht es aus, das betreffende Feld einmal anzuklicken. Der alte Text wird durch den neuen ersetzt:

- Ersetzen Sie: Enter Taste zu Ben Taste.

Zusammenfassung:

- zum **Ändern** eines Eintrages mit der Maus doppelklicken,
- zum **Ersetzen** Feld einmal anklicken, neuen Eintrag schreiben,
- zum **Löschen** einmal anklicken und die [Entf]-Taste drücken.

- Löschen Sie den Eintrag **Anton Überflüssig** komplett.

1.3 Über die Befehle

1.3.1 Befehle verschwinden

Eine der wenigen Neuerungen seit Office 2000 ist, dass nicht benutzte Symbole und Befehle automatisch ausgeblendet werden. Der an sich gute Gedanke dabei ist, die Bedienung einfacher zu gestalten, da nur noch die häufig verwendeten Befehle angezeigt werden.

Der Nachteil liegt darin, dass nach selten verwendeten Befehlen umständlicher gesucht werden muss. Das ist nicht nur für Anfänger problematisch, denen diese Funktion helfen sollte, da sie nicht genau wissen, wo sich der gesuchte Befehl befindet, sondern auch für Profis, da sich die Reihenfolge der Befehle ständig ändert.

Das wird am Beispiel des Befehlsmenüs „**Bearbeiten**" demonstriert, in dem die wichtigen Befehle zum Kopieren (Ausschneiden, Kopieren, Einfügen) und zum Suchen, bzw. Ersetzen zusammengefasst sind.

> Oben auf **Bearbeiten** drücken, damit das Befehlsmenü aufklappt:

Das verkürzte Menü: *Das komplette Menü:*

Links werden vorhandene Symbole angezeigt. Diese Befehle können Sie damit über die Symbolleiste schneller ausführen.

Mit diesen Pfeilen kann das Menü erweitert werden. Das geschieht nach kurzer Wartezeit automatisch.

Hell angezeigte Befehle sind derzeit nicht aktiv.

Finden Sie im Folgenden beschriebene Befehle nicht, im kompletten Menü suchen.

1.3.2 Alle anzeigen und Symbolleisten

Wenn Sie diese Funktion deaktivieren wollen, geht das bei dem Befehl **Extras-Anpassen**. Die Änderungen gelten allerdings immer für alle MS Office-Programme!

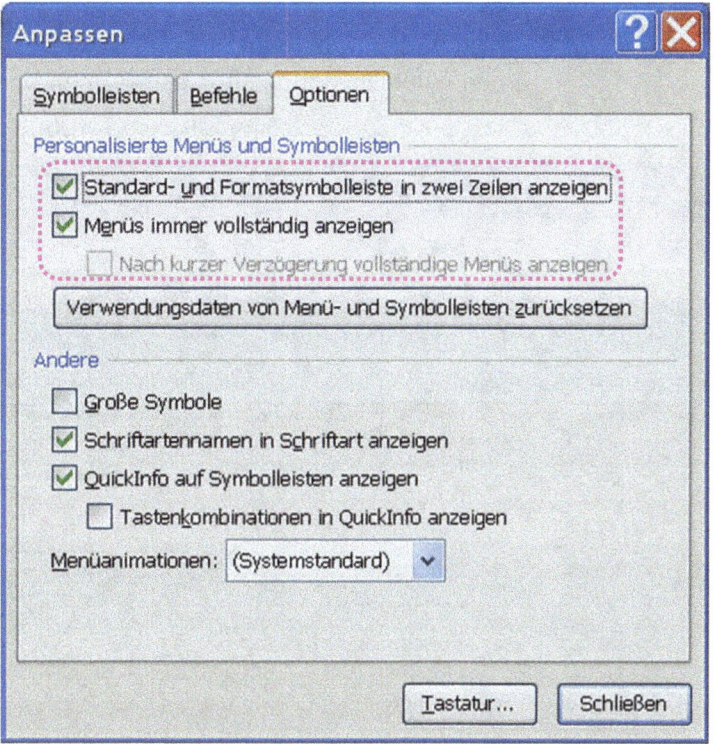

- „Standard- und Formatsymbolleiste **in zwei Zeilen** anzeigen": wenn dies ausgeschaltet ist, sind die beiden Symbolleisten in einer Zeile.
  - Die Folge ist, da der Bildschirmplatz selbst auf einem 21-Zoll-Monitor nicht ausreicht, dass einige Symbole nicht angezeigt werden. Darum besser einschalten.

- „**Menüs immer vollständig anzeigen**": hiermit können Sie die auf der vorigen Seite beschriebene Funktion abschalten. Dann werden immer die kompletten Befehlsmenüs angezeigt.
  - Zwar werden anfangs viele Befehle angezeigt, aber Sie haben die Möglichkeit, sich daran zu gewöhnen und kennen die wichtigen nach einiger Zeit.

Notizen: ....
....
....
....
....
....

1.3.3 Befehl, Symbol oder Shortcut

Sie finden oben in der Menüleiste alle Befehle unter Sammelbegriffen (=Menüs) einsortiert, z.B. bei Datei alle Befehle, die die ganze Datei betreffen wie Speichern usw. Darunter die Symbolleiste mit den wichtigsten Aktionen, dann die Bearbeitungsleiste.

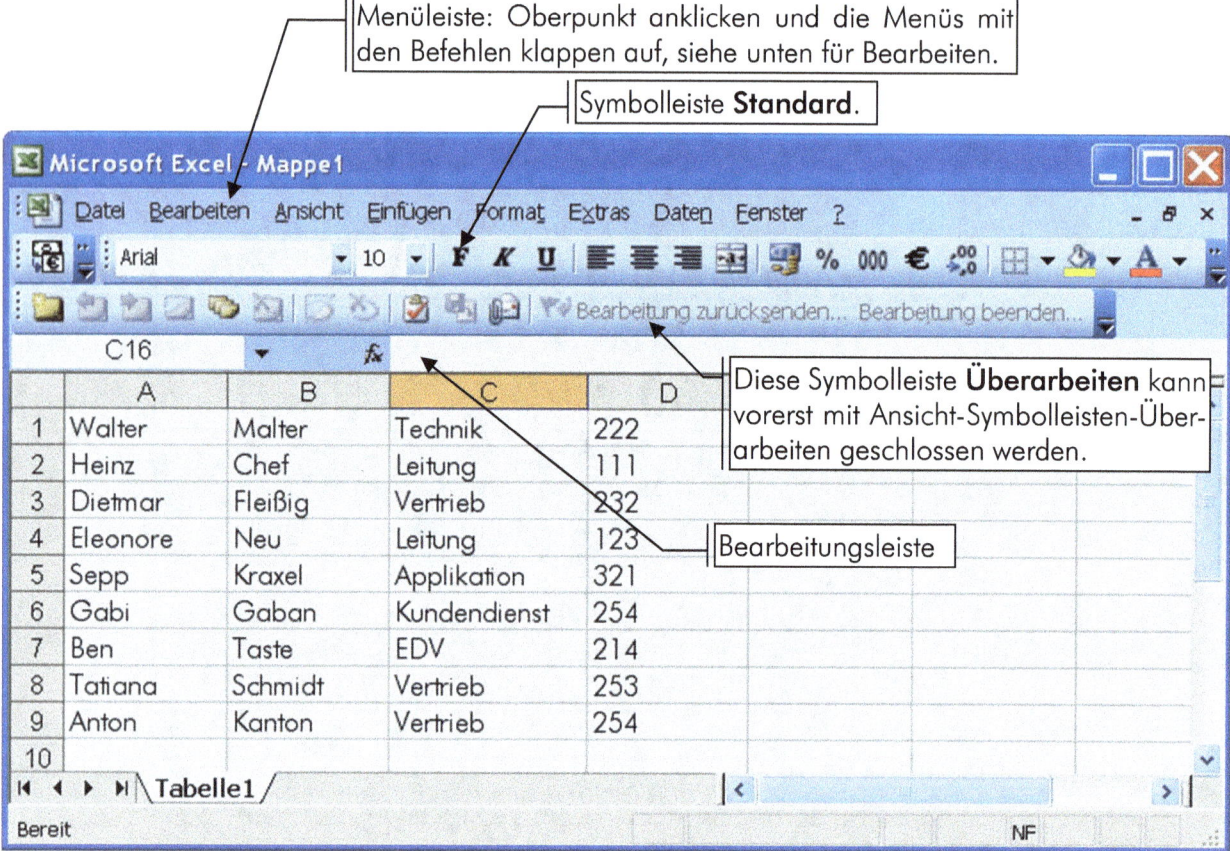

Menüleiste: Oberpunkt anklicken und die Menüs mit den Befehlen klappen auf, siehe unten für Bearbeiten.

Symbolleiste **Standard**.

Diese Symbolleiste **Überarbeiten** kann vorerst mit Ansicht-Symbolleisten-Überarbeiten geschlossen werden.

Bearbeitungsleiste

Das Befehlsmenü Bearbeiten:

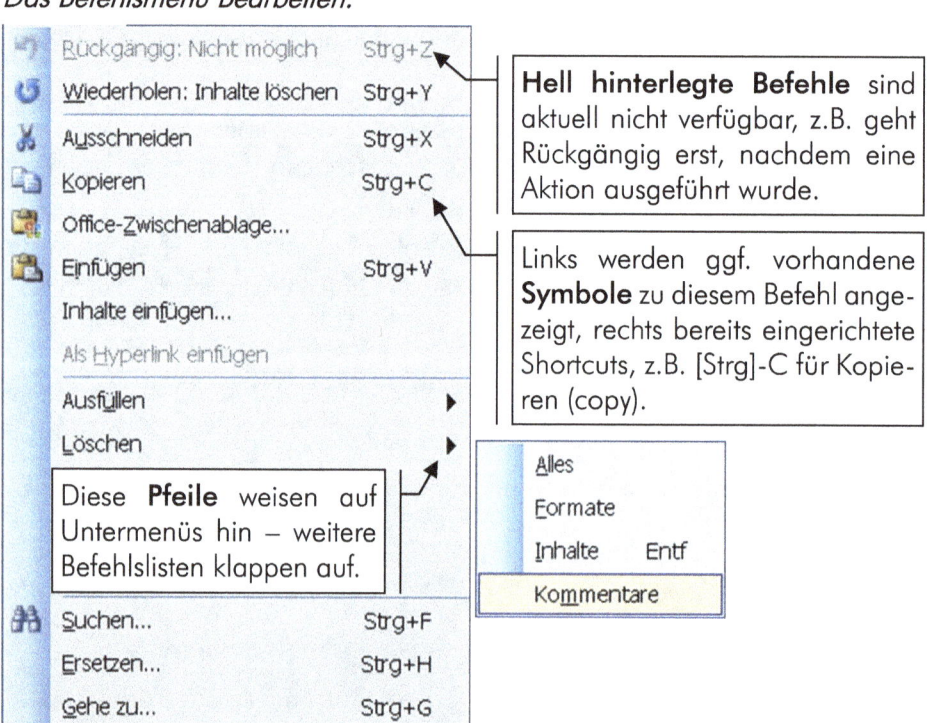

Hell hinterlegte Befehle sind aktuell nicht verfügbar, z.B. geht Rückgängig erst, nachdem eine Aktion ausgeführt wurde.

Links werden ggf. vorhandene **Symbole** zu diesem Befehl angezeigt, rechts bereits eingerichtete Shortcuts, z.B. [Strg]-C für Kopieren (copy).

Diese **Pfeile** weisen auf Untermenüs hin – weitere Befehlslisten klappen auf.

2. Speichern und Ordner

Viel Arbeit steckt in jeder Tabelle (genauer: Arbeitsmappe). Also wird es Zeit, diese zu speichern.

- Die Daten existieren bisher nur im **Arbeitsspeicher**.
  - Dieser funktioniert elektrisch, daher ist alles verschwunden, sobald der Rechner ausgeschaltet wird, wenn wir nicht dauerhaft
  - auf einem Datenträger speichern, auf **Festplatte** oder Diskette.

Die Bezeichnungen **C** oder **A** stammen aus der DOS-Zeit. Weil damals alles über die Tastatur eingegeben werden musste, wurden die Bezeichnungen so kurz wie möglich gehalten.

2.1 Äußerst wichtiges Grundwissen

- Jede gespeicherte Tabelle wird eine **Datei**.
  - Zur Unterscheidung erhält jede Datei einen **Dateinamen**.
  - **Dateinamen** können bis zu 255 Buchstaben lang sein.
  - Wählen Sie einen Dateinamen, an dem Sie später die Datei möglichst gut identifizieren können.

- Dem Dateinamen wird automatisch eine **Dateiendung** angehängt.
  - Anhand dieser Dateiendung sehen wir, ob es sich um einen Text (z.B. doc), eine Grafik (z.B. cdr) oder eine Excel-Arbeitsmappe mit der Endung xls handelt.
  - **Dateiendungen** sind im Windows nach einer Standardinstallation nicht sichtbar. Wie Sie diese aktivieren können, steht in unserem Windows-Buch. In Kürze: im Windows Explorer Extras-Ordneroptionen wählen, dort auf der Karteikarte Ansicht den Punkt „Erweiterungen bei bekannten Dateitypen ausblenden" abschalten.

- Auf einer einzigen Festplatte kann eine ganze Bibliothek abgespeichert werden. Damit wir den Überblick behalten,
  - werden Dateien in passende **Ordner** einsortiert, so wie z.B. herkömmliche Papierunterlagen in einen Ordner mit entsprechender Aufschrift abgeheftet werden.
  - Genauso im Computer, weshalb wir vor dem Speichern einen neuen Ordner für unsere Übungsdateien erstellen werden.

Bitte nicht gedankenlos irgendwo auf die Festplatte speichern! Nach einiger Zeit haben Sie ein **Chaos aus Hunderten Dateien**! Dateien, die versehentlich in einem falschen Ordner gespeichert wurden, finden Sie fast nie wieder!

2.2 Neuer Ordner

Speichern wir unsere Telefonliste. Aber wohin speichern?

- Beim ersten Speichern werden Sie nach dem **Dateinamen** und nach dem **Speicherort** (auf welchen Datenträger, in welchen Ordner?) gefragt.
    - Wir wollen alle Excel-Übungen, die wir im folgenden erstellen wollen, in einen **neuen Ordner** zusammen speichern.
    - Darum werden wir einen neuen Ordner erstellen.

Das geht seit Windows 95 sehr einfach, nämlich direkt in dem **Datei-Speichern-** sowie auch in dem **Datei-Öffnen-Fenster**.

> Drücken Sie auf das Symbol für **Speichern** (oder [Strg]-s):

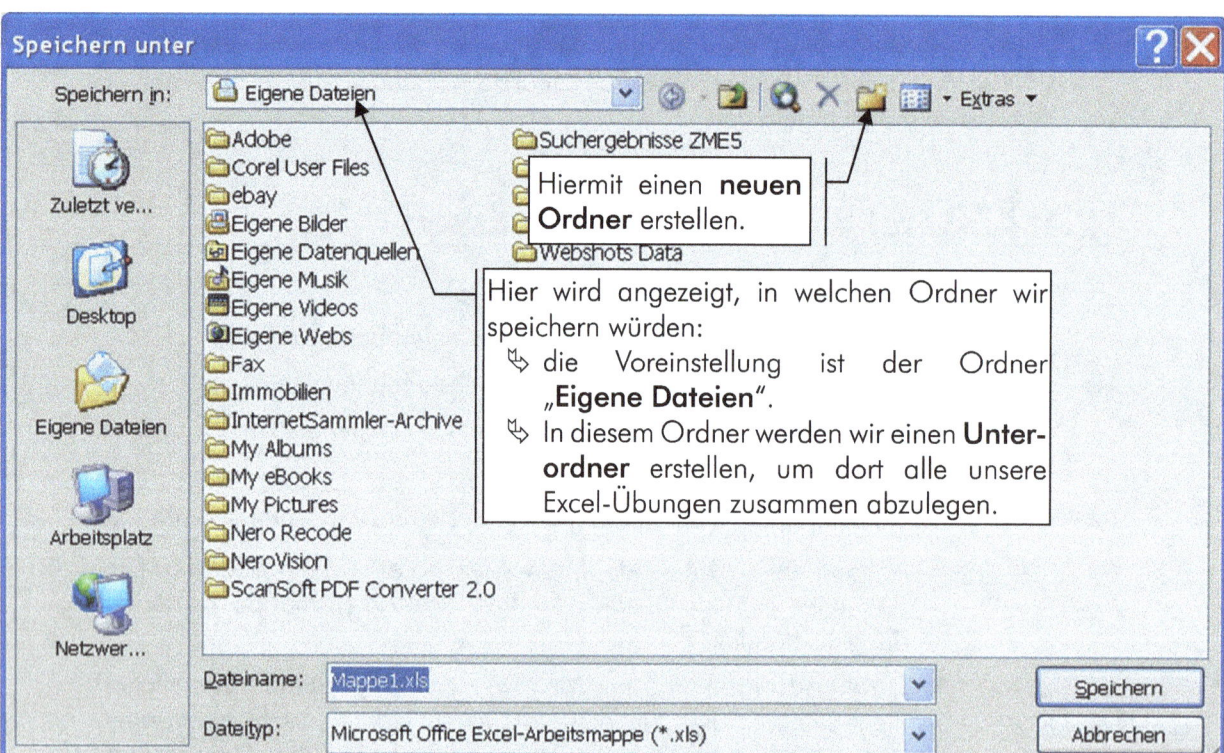

> Drücken Sie das Symbol für „**Neuen Ordner erstellen**:"

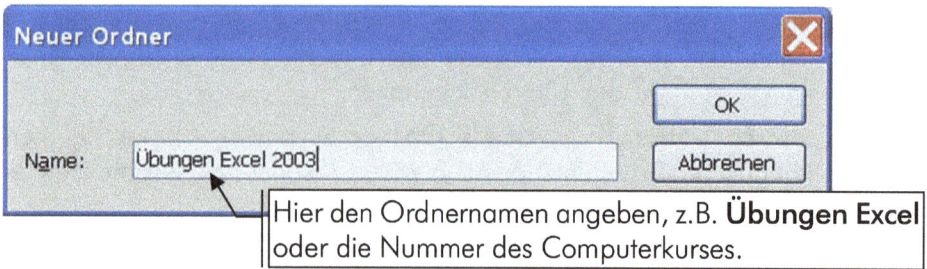

➢ Der neue **Ordner „Excel Übungen"** ist anschließend bereits geöffnet und wird oben angezeigt, so dass der **Dateiname** eingegeben werden kann:

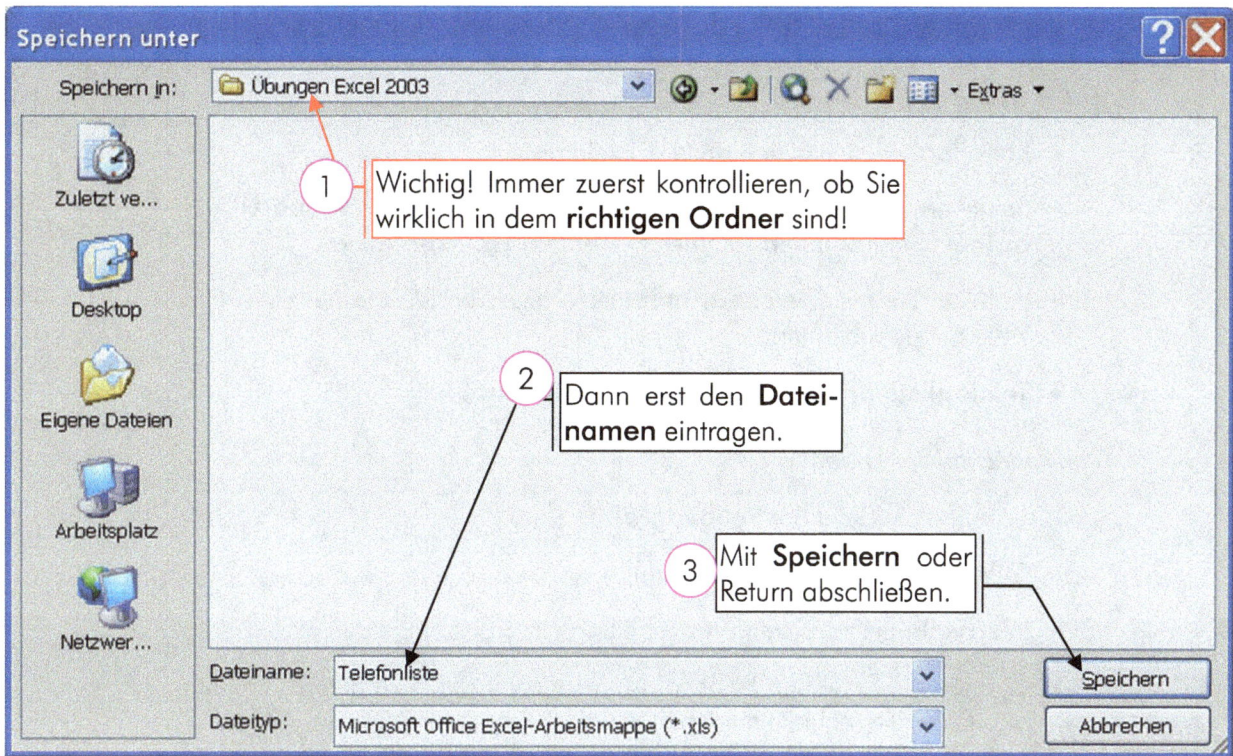

Die **Dateiendung xls** wird von Excel automatisch ergänzt.

2.3 Datei schließen

Was wollen Sie beenden? Das ganze Excel oder die aktuelle Telefontabelle?

♦ Zum Beenden ist das ⊠-**Symbol** rechts oben zuständig:

➢ **Verlassen** Sie Excel.

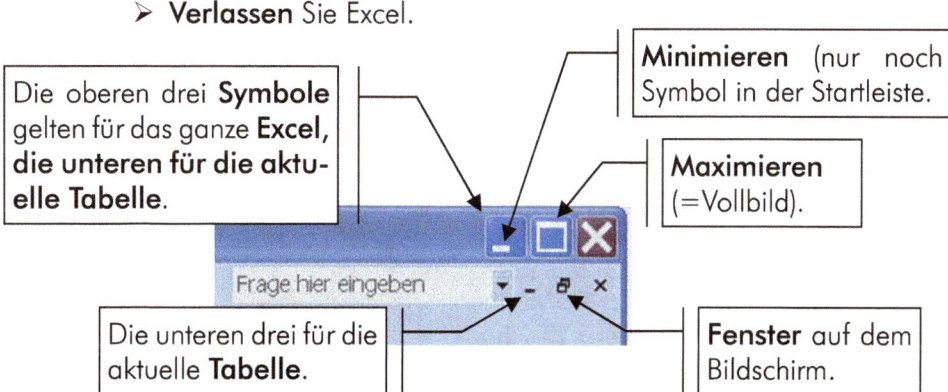

Das mittlere Symbol wechselt: wenn auf Vollbild eingestellt, werden wie unten abg. zwei kleine Fenster angezeigt (=einstellbare Windows-Fenster), ist dies der Fall, wird das Symbol Maximieren angezeigt.

2.4 Abschlussübung

Zur Routine eine kleine Übung für diesen grundlegenden Stoff. Was nicht besprochen wurde, kann in dem Windows-Schulungsbuch nachgelesen werden.

Datei erstellen:

- **Erstellen** Sie eine kleine weitere Telefonliste.
- Speichern Sie die Liste als „*Telefonliste privat*" in einem **neuen Unterordner „Telefonlisten"** (immer in unserem Übungsordner!).
- Erstellen Sie mit **Speichern unter** eine Sicherungskopie auf einer Diskette mit dem Namen:
- ♦ **Telefonliste privat, Stand (aktuelles Datum).**

Fenstertechnik im Windows:

- Schalten Sie Excel auf **Vollbildgröße**.
- Öffnen Sie **Paint** (Windows-Taste).
- **Wechseln** Sie zu Excel ([Alt]-[Tab]).
- Ordnen Sie Excel und Paint so an, dass Paint die linke Bildschirmhälfte und Excel die rechte einnimmt.
- Rechte Maustaste im freien Bereich auf der Startleiste drücken und **Überlappend** wählen.

> Überlappend, Untereinander und Nebeneinander ausprobieren. Desktop anzeigen verkleinert alle Programme.

Fenstertechnik im Excel:

- Schließen Sie Paint, stellen Sie **Excel auf Vollbild** und öffnen Sie zusätzlich die erste Telefonliste.
- Ordnen Sie beide Telefonlisten so an: die eine oben, die andere unten (Fenster erst verkleinern).
- Beide Listen auf Vollbild schalten und bei **Fenster** zu der anderen Telefonliste wechseln.
- Wählen Sie im Excel **Fenster-Anordnen**.

> Auch ausprobieren. Wenn zwei Mappen geöffnet sind, können Sie diese z.B. horizontal, d.h. untereinander anordnen, um von einer in die andere zu kopieren. Oder vertikal (=nebeneinander).

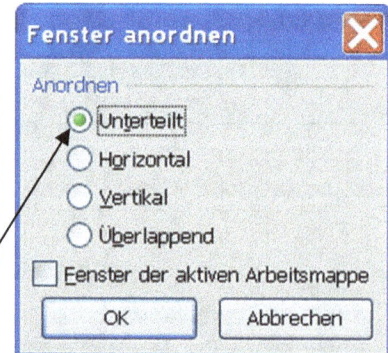

- **Beenden** Sie Excel.

3. Arbeitsmappe und Tabellen

Vieles erklärte sich bei der Telefonliste im vorigen Kapitel von selbst. Jetzt folgt ein Überblick über Excel, mit der ersten Formel anhand einer Übung.

3.1 Was ist Excel?

Excel ist ein sogenanntes **Tabellen-Kalkulations-Programm**. Das heißt, wir können Daten eingeben und automatisch Berechnungen durchführen lassen, z.B. für eine Rechnung:

Artikel	E-Preis	Stück	Preis
Bleistifte	0,99	3	2,97 DM
Radierer	2,50	2	5,00 DM
		Gesamt:	7,97 DM

Damit Excel weiß, welche Daten zusammengehören, werden diese in **Tabellen** eingetragen (siehe Beispiel), daher der Name **Tabellenkalkulation**.

Kleiner Überblick:

- **Betriebssystem**: Windows (98, ME, NT, XP), OS/2, Unix ...
- **Textverarbeitung**: MS Word, Ami Pro, WordPerfect ...
- **Tabellenkalkulation**: Excel, Lotus 1-2-3, StarCalc ...
- **Datenbank**: Access, dBase, FoxPro ...

3.2 Unterschied Datenbank-Kalkulation

Folgende Einteilung soll den Unterschied zwischen einem Datenbank- und Kalkulationsprogramm verdeutlichen:

- In einem **Datenbankprogramm** (z.B. MS Access) werden überwiegend Daten (Adressen, Telefonnummern ...) gesammelt, um diese z.B. für Serienbriefe zu verwenden.
- In einem **Kalkulationsprogramm** (z.B. Excel) sollen hauptsächlich Berechnungen durchgeführt werden, z.B. Verkaufsübersichten, Rechnungen, Vergleich Leasing oder Kauf usw.

3.3 Die Arbeitsmappe

Damit Excel weiß, welche Werte z.B. addiert werden sollen, werden die Daten in **Tabellen** eingetragen.

Und weil sehr oft mehrere Berechnungen zu einem Projekt gehören, können mehrere Tabellen in einer **Arbeitsmappe** angelegt werden. Die einzelnen Tabellen werden **Blätter** genannt.

Blätter

> ➢ **Öffnen** Sie den Übungstext Telefonliste.
>
> ➢ **Verkleinern** Sie die Anzeige der Telefonliste, bis Sie das Fenster wie abgebildet sehen:

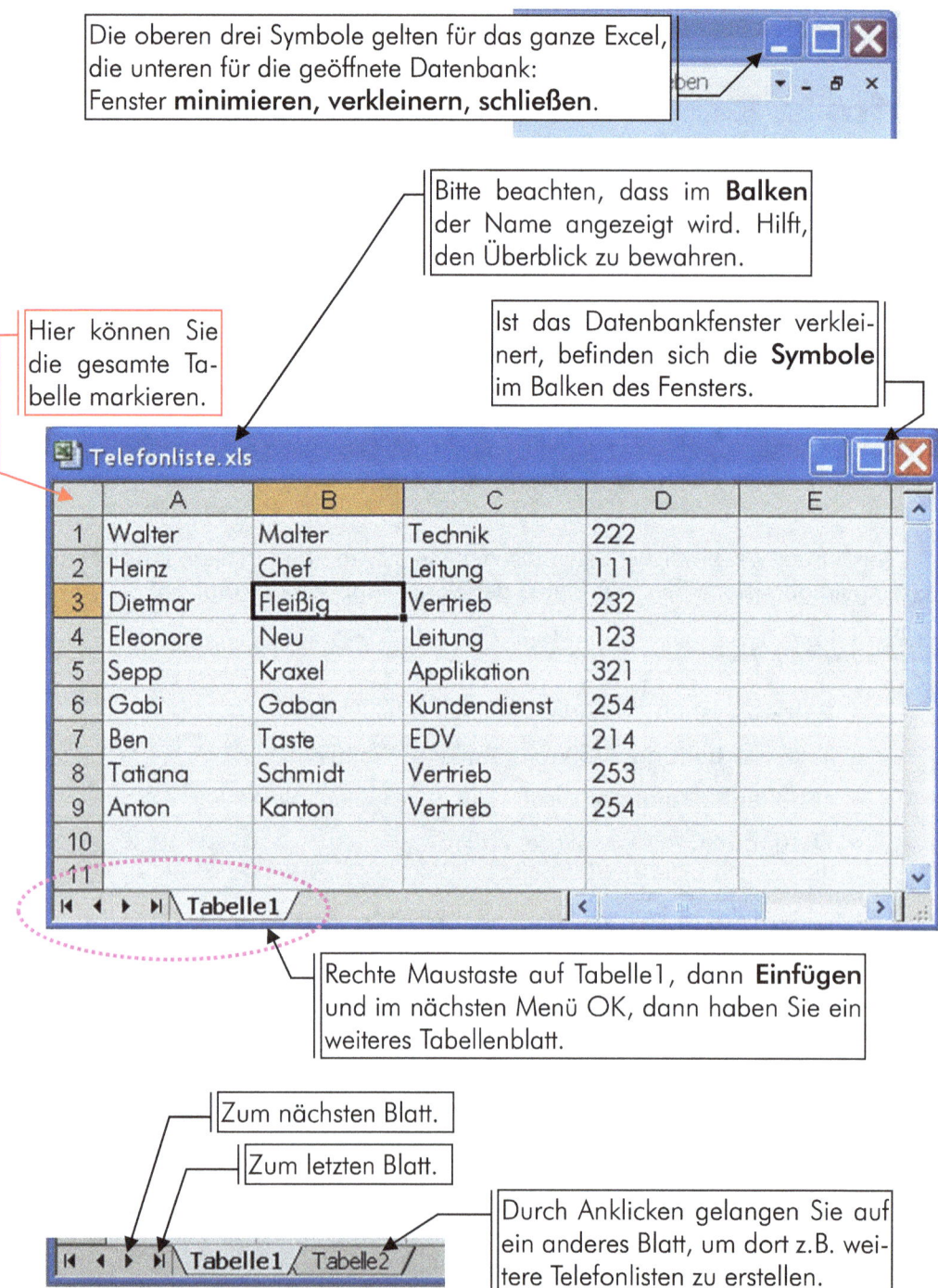

3.4 Blätter ergänzen und löschen

Da solche leeren Tabellenblätter keinen Speicherplatz beanspruchen, stören diese leeren Blätter nicht, können jedoch benutzt werden, um das aktuelle Projekt zu erweitern, z.B. für weitere Telefonlisten.

So können Sie ein Blatt löschen:

> Oder hierauf rechte Maustaste, dann löschen oder ein neues Blatt einfügen.

- Ergänzen Sie noch ein **drittes Tabellenblatt**.
- Blättern Sie zu dem neuen **Tabellenblatt Nr. 3**.
- Drücken Sie: **Bearbeiten-Blatt löschen**.

So wird ein Blatt ergänzt:

- Wählen Sie: **Einfügen-Tabellenblatt** (oder rechte Maustaste…).

Damit wird ein neues Tabellenblatt ergänzt, möglicherweise aber nicht an der richtigen Position.

Blätter verschieben:

- Fassen Sie das neue Tabellenblatt an (Maus gedrückt halten) und **ziehen** Sie es hinter Blatt 2, dort Maus loslassen (Pfeil beachten).

Sie können auch mehrere Blätter gleichzeitig verschieben, wenn Sie diese markiert haben.

Mehrere Blätter ergänzen:

- **Markieren** Sie Tabelle 2 und 3. Wenn Sie die [Strg]-Taste gedrückt halten, können Sie mehrere Tabellenblätter anklicken und markieren.
- Dann rechte Maustaste unten auf dem Tabellenreiter und **Einfügen**, anschließend **Tabellenblatt** wählen.
- Die zwei neuen Blätter markieren und ans Ende schieben.

So könnten Sie mehrere überflüssige Blätter löschen:

- **Markieren** Sie Blatt 3 bis 5 mit der Maus ([Strg]-Taste drücken).
- Jetzt wieder **rechte Maustaste-löschen** wählen.

Blätter umbenennen:

- ♦ Entweder auf einem Tabellenreiter die **rechte Maustaste** drücken und in dem erscheinenden Menü umbenennen wählen oder
- ♦ auf den Tabellenreiter **Doppelklicken**, dann überschreiben,
  - ↳ oder noch einmal klicken, um den Namen gezielt zu korrigieren.
- Benennen Sie das erste Tabellenblatt in „**Haus 1**" um:

3.5 Zeilen und Spalten

Nun werden wir uns die Tabelle etwas genauer ansehen.

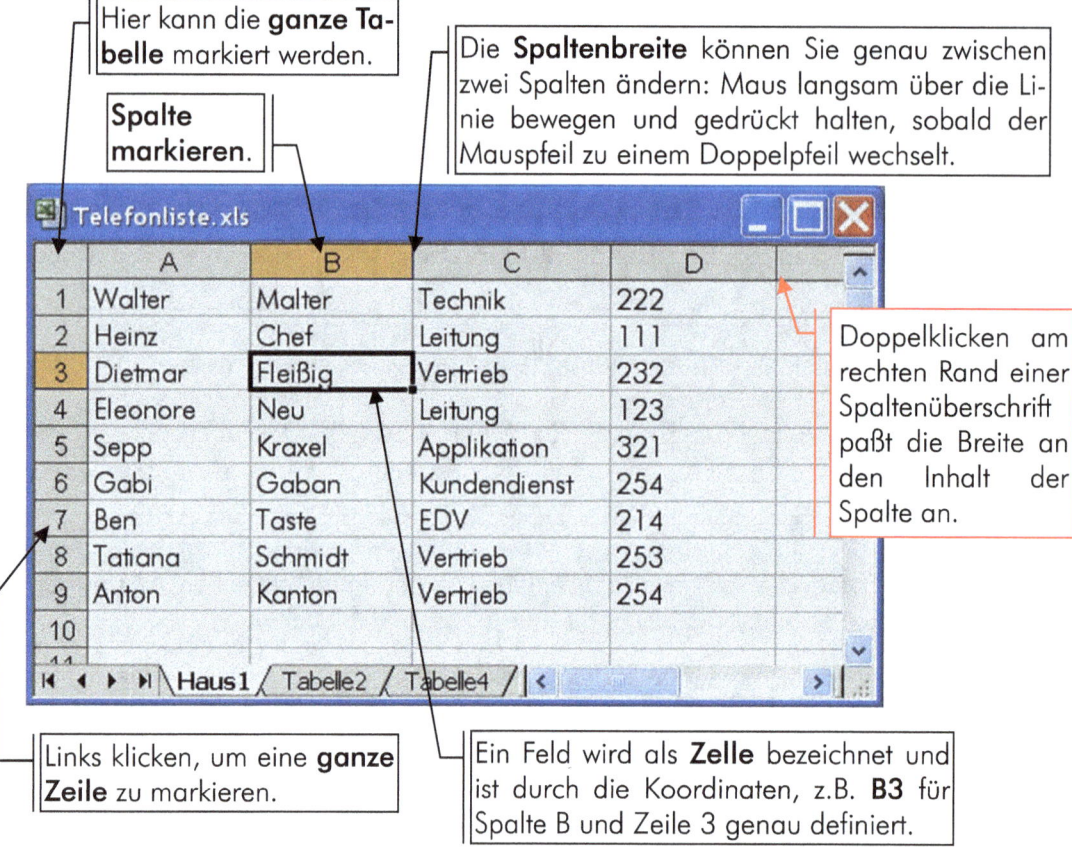

Übung:

- **Verkleinern** Sie die Spalte D mit den Telefon-Durchwahlnummern.
- **Verbreitern** Sie die Spalte C mit der Abteilung.

3.6 Die Bezeichnungen der Spalten und Zeilen

Wenn Sie das vorige Fenster betrachten, ist z.B. Herr Fleißig eindeutig definiert: in der **Spalte B und Zeile 3**, in der Excel-Sprache **B3**. Diese Koordinaten sind später bei der Formeleingabe wichtig.

Einige Excel-Puristen stellen die Bezeichnung der Spalten um, so dass auch diese mit Zahlen nummeriert sind. Herr Fleißig wäre dann in Zeile 3 und Spalte 2, kurz: **Z3S2**.

Je schwieriger die Berechnungen werden, umso wichtiger ist es, den Überblick zu behalten. Weil auf manchen Rechnern die numerische Spaltenbezeichnung eingestellt wurde (der Standard nach der Installation ist A, B, C usw.), folgt jetzt der Hinweis, wie Sie dies zurückstellen könnten.

- Das geht bei **Extras-Optionen**.
- Jetzt zur **Karteikarte Allgemein** wechseln und dort – falls aktiviert – die Bezugsart **Z1S1** (Abkürzung für Zeile 1, Spalte 1) ausschalten.

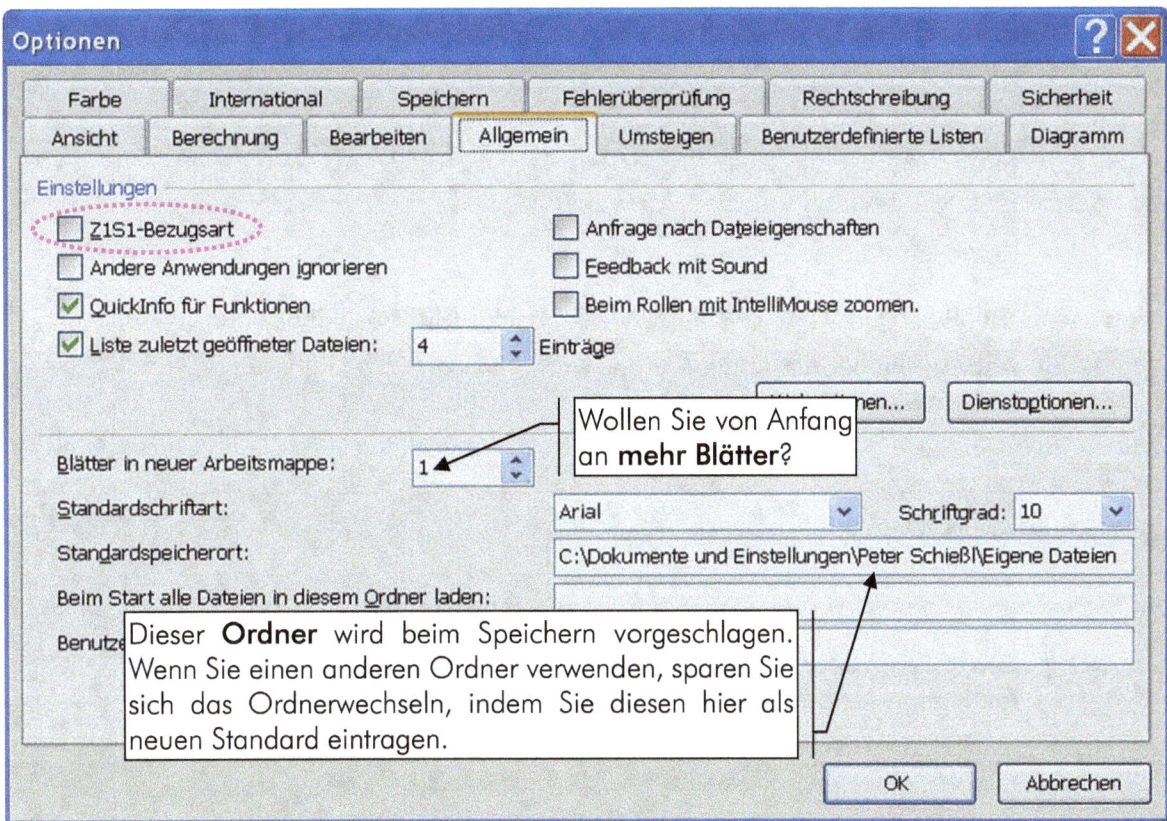

3.7 Kopieren und Verschieben

- Diese Aktionen können auf **drei Wegen** gestartet werden:
  - **Bearbeiten-Ausschneiden, -Kopieren oder -Einfügen** wählen,
  - schneller mit der **rechten Maustaste** oder indem Sie
  - die **Symbole** benutzen:

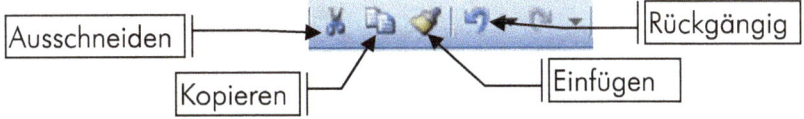

Die Funktionsweise:

- **Ausschneiden** kopiert das Markierte in den Arbeitsspeicher und löscht das Original, während beim

- **Kopieren** das Original erhalten bleibt.

- Bei beiden Befehlen kann das in den Arbeitsspeicher Kopierte anschließend beliebig oft **eingefügt** werden.
  - **Eingefügt** wird immer an der aktuellen Cursorposition.
  - Ist etwas **markiert**, so wird das Markierte beim Einfügen ersetzt!

- Nur bei **Bearbeiten** finden Sie **Inhalte einfügen**: in einem erscheinenden Menü kann gewählt werden, ob z.B. alles, nur der Wert, die Formel oder die Formatierung eingefügt werden soll.

Was kopiert werden soll, muss zuerst markiert werden.

3.7.1 Übung Kopieren

Zeile kopieren:

- **Markieren** Sie die Zeile Nr. 8, indem Sie links davon auf dem Zeilenrand klicken.
- **Kopieren** drücken.
- Nun die nächste leere Zeile markieren und **Einfügen** betätigen.
- **Ändern** Sie bei der Kopie nur den Vornamen und die Durchwahltelefonnummer.

3.7.2 Umstellen

Jetzt geht es ans Umstellen. Dabei ist folgendes zu beachten:

- Zuerst Zeilen oder Spalten markieren, rechte Maustaste auf der Markierung, dann **Ausschneiden** drücken.
  - Diese Daten merkt sich Excel. Um Datenverlust vorzubeugen, werden diese jedoch erst ausgeschnitten, sobald Sie die Daten an einer anderen Stelle einfügen.

- Der nächste Schritt birgt eine **Gefahr**, denn wenn Sie Zeilen oder Spalten mit vorhandenen Daten **markieren**,
  - dann Einfügen drücken, so werden die vorhandenen Daten überschrieben, also **gelöscht**!
  - Falls dies ungewollt passiert, ist **Rückgängig** die Rettung!

Vorhandene, markierte Daten werden mit Einfügen gelöscht!

Nur mit dieser Vorgehensweise werden vorhandene Daten nicht überschrieben:

- Die Zeile oder Spalte, vor der die Daten eingefügt werden sollen, **markieren**,
- dann auf der Markierung die **rechte Maustaste** drücken und „**Ausgeschnittene Zellen einfügen**" wählen.

Probieren Sie dies auch noch aus:

- Verschieben Sie die **Spalte** mit den Nachnamen an die erste Stelle, also vor die Spalte mit den Vornamen. Auch hierfür ist die oben beschriebene Vorgehensweise erforderlich.

4. Der Excel-Bildschirm

In diesem Kapitel wird die Oberfläche von Excel vorgestellt und dabei auf wichtige Bereiche aufmerksam gemacht.

4.1 Der Aufgabenbereich

- Neu seit Office XP ist der **Aufgabenbereich**, der am **rechten Rand** eingeblendet wird. Bei Office 2003 sind nur noch wenige sinnvolle Optionen vorhanden.
  - Der Aufgabenbereich ist bei jedem Start von Excel eingeblendet und verschwindet selbständig, sobald Sie eine Arbeitsmappe geöffnet haben.

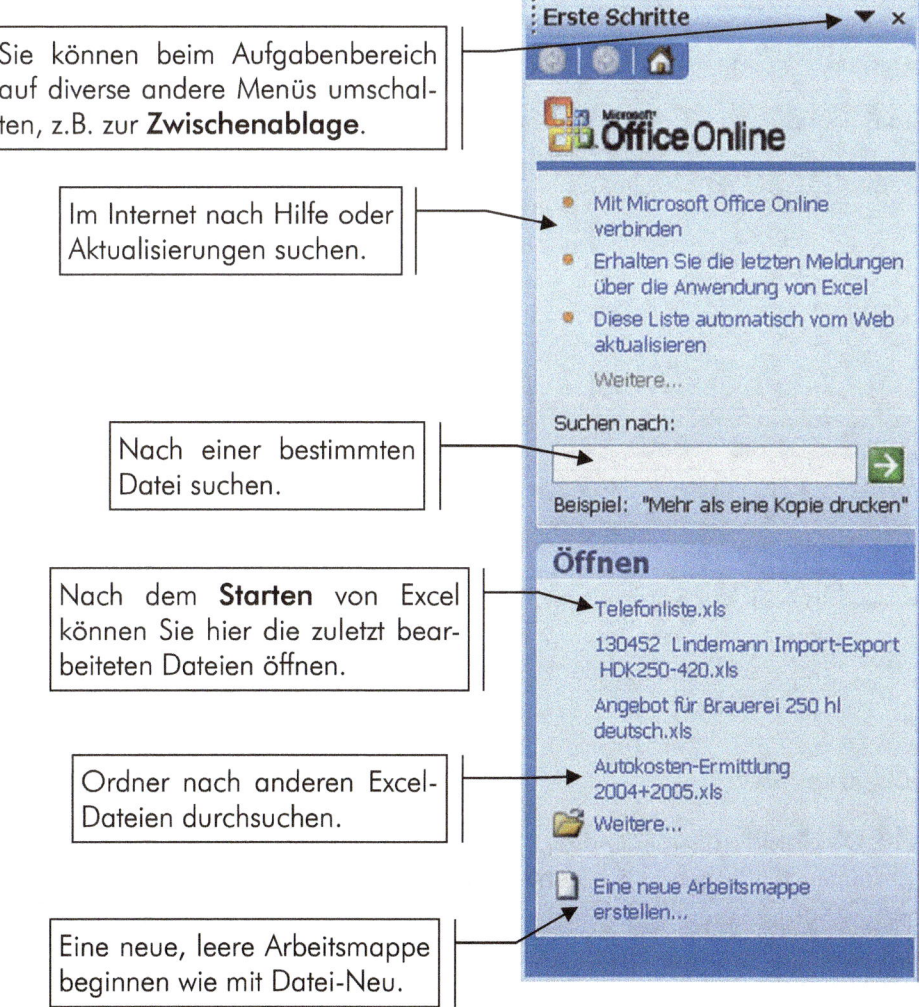

Sie können beim Aufgabenbereich auf diverse andere Menüs umschalten, z.B. zur **Zwischenablage**.

Im Internet nach Hilfe oder Aktualisierungen suchen.

Nach einer bestimmten Datei suchen.

Nach dem **Starten** von Excel können Sie hier die zuletzt bearbeiteten Dateien öffnen.

Ordner nach anderen Excel-Dateien durchsuchen.

Eine neue, leere Arbeitsmappe beginnen wie mit Datei-Neu.

4.2 Einige wichtige Symbole

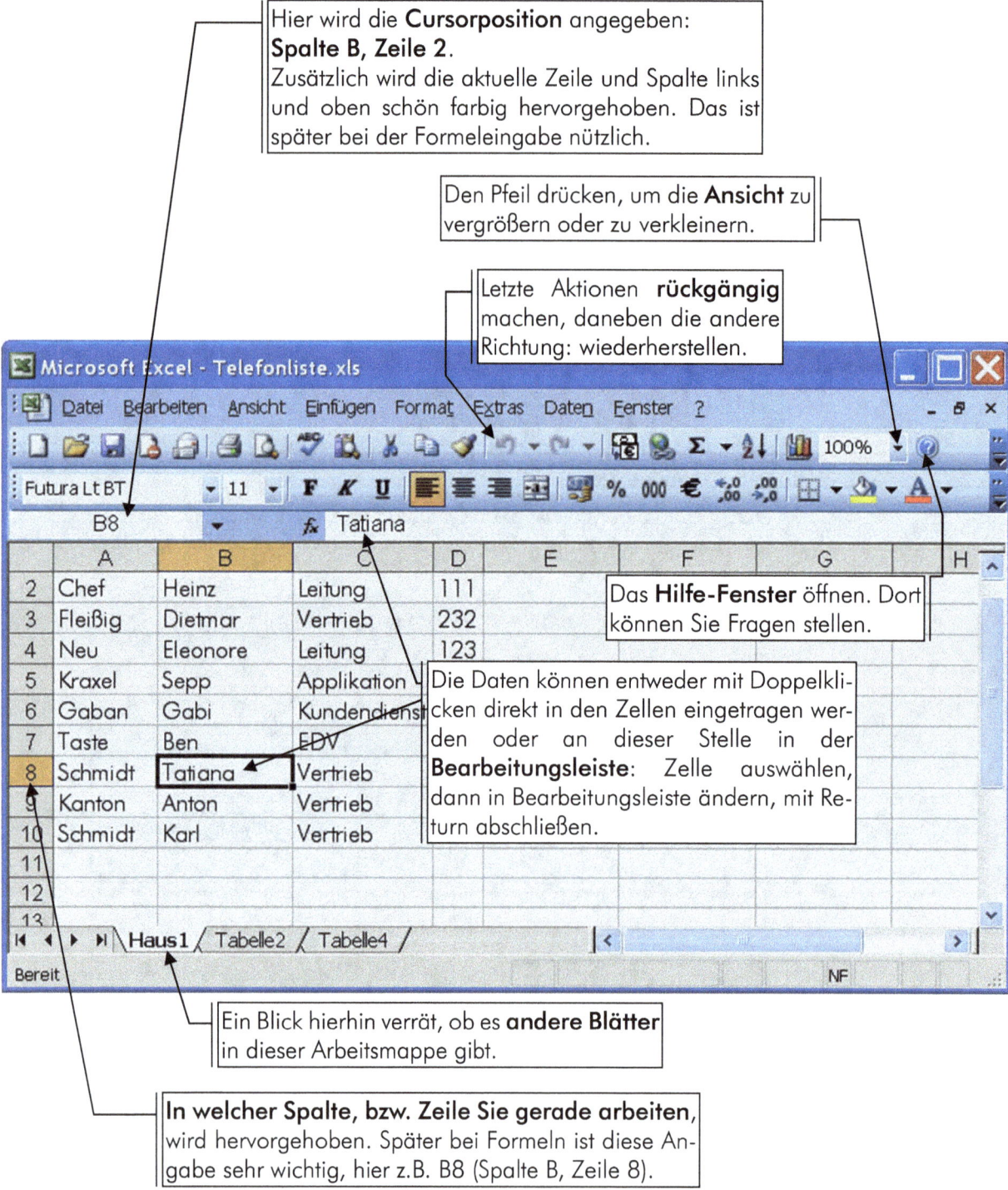

Über die Hilfe:

Die **Direkthilfe** (Elemente direkt anklicken) gibt es bei allen Office 2003-Programmen nicht mehr. Hilfe geht nur noch über das Hilfe-Handbuch (Inhaltsverzeichnis).

4.3 Die Spalten sortieren

Nach der vorigen Übung ist die Spalte mit den Nachnamen an erster Position. Mit diesen Symbolen können Sie sortieren, wobei gilt:

- Wenn eine **Spalte markiert** wurde, wird nur diese Spalte sortiert, so dass die Daten nicht mehr zusammenpassen.

Dieses Problem wurde seit Excel XP endlich von Microsoft erkannt, so dass, **wenn nur eine Spalte markiert war**, diese Meldung erscheint:

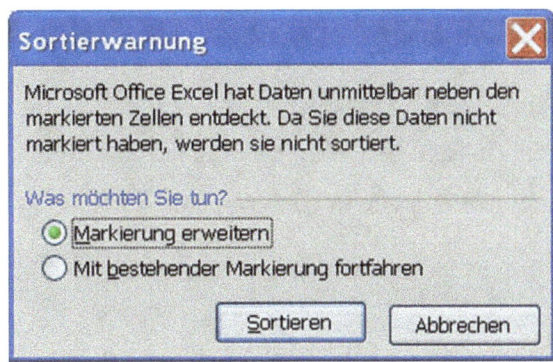

Darum entweder eine Zelle in der Spalte, nach der sortiert werden soll, nur anklicken – keinesfalls markieren – oder die gesamte Tabelle markieren!

Weiteres Problem:

- **Die erste Zeile wird nicht sortiert.** Hier kann Abhilfe mit einem Trick geschaffen werden:
  - eine neue, leere Zeile am Anfang einfügen, dann die gesamte Tabelle inklusive der ersten leeren Zeile markieren und sortieren.
  - Dann wird alles richtig sortiert, jedoch nur, solange die erste leere Zeile oben vorhanden ist.

Sie können das **Rückgängig- und Wiederherstellen-Symbol** benutzen, um die korrekte Sortierung zu überprüfen.

> **Sortieren** Sie nach dem Nachnamen, dann nach der Telefonnummer, dann die Sortierung rückgängig machen.

Notizen: ....
....
....
....

4.4 Tabelle formatieren

Die Telefonliste ist nun fast fertig und sollte vor dem Ausdruck noch verschönert werden. Selbstverständlich können wir auch im Excel alles einstellen: Schriftart, -größe, -farbe …

Die Symbolleiste für die Formatierungen:

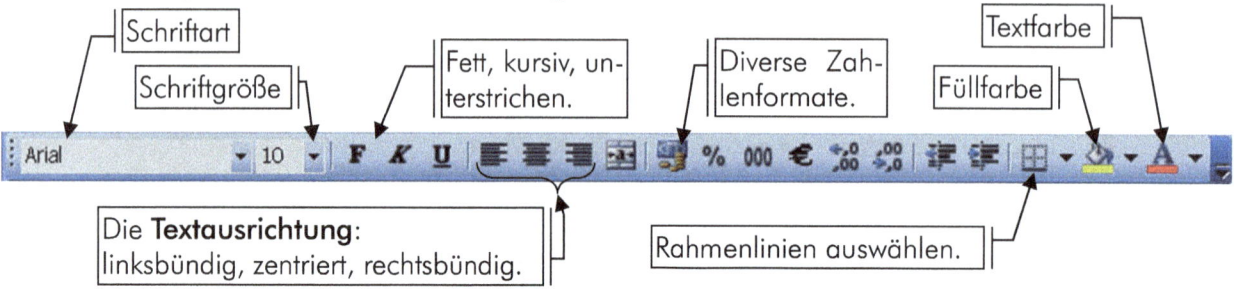

- ◆ Eine **Auswahlliste** wird aufgeklappt,
  - ↳ wenn Sie den Pfeil z.B. bei Schriftart oder -größe drücken.
  - ↳ Was geändert werden soll, muss zuerst **markiert** werden!

Formatieren Sie die Tabelle:

- ➢ Formatieren Sie die erste Spalte mit den **Nachnamen**: fett, Textfarbe dunkelblau, Hintergrundfarbe hellrot.
- ➢ Die übliche Tabellenschrift ist Arial. Wählen Sie für die zwei folgenden Spalten **Arial Narrow**, da diese sehr wenig Platz beansprucht.
- ➢ Die Spalte mit den **Durchwahlnummern** ebenfalls fett und dunkelblau einstellen, Hintergrundfarbe gelb.
- ➢ Die erste Spalte linksbündig, die anderen drei Spalten **zentriert**.
- ➢ Dann alle Zeilen markieren und eine andere **Rahmenlinie** wählen.

So sollte es werden:

Chef	Heinz	Leitung	111
Fleißig	Dietmar	Vertrieb	232
Gaban	Gabi	Kundendienst	254
Kraxel	Sepp	Applikation	321
Malter	Walter	Technik	222
Neu	Eleonore	Leitung	123
Schmidt	Tatiana	Vertrieb	253
Schmidt	Georg	Vertrieb	253
Taste	Ben	EDV	214

Mit Excel sollen häufig Tabellen oder Diagramme für **Präsentationen** erstellt werden. Darum widmen wir uns den grafischen Einstellmöglichkeiten sehr ausführlich.

4.5 Die Seitenansicht

Vor jedem **Ausdruck** sollte die aktuelle Tabelle noch einmal in der Seitenansicht kontrolliert werden. Nicht nur zum Überprüfen, sondern auch, weil in der Seitenansicht das Dokument hervorragend formatiert werden kann.

Drücken Sie dieses Symbol für die Seitenansicht.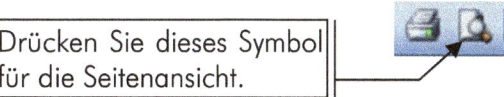

Der Bildschirm wechselt, diese Menüleiste erscheint:

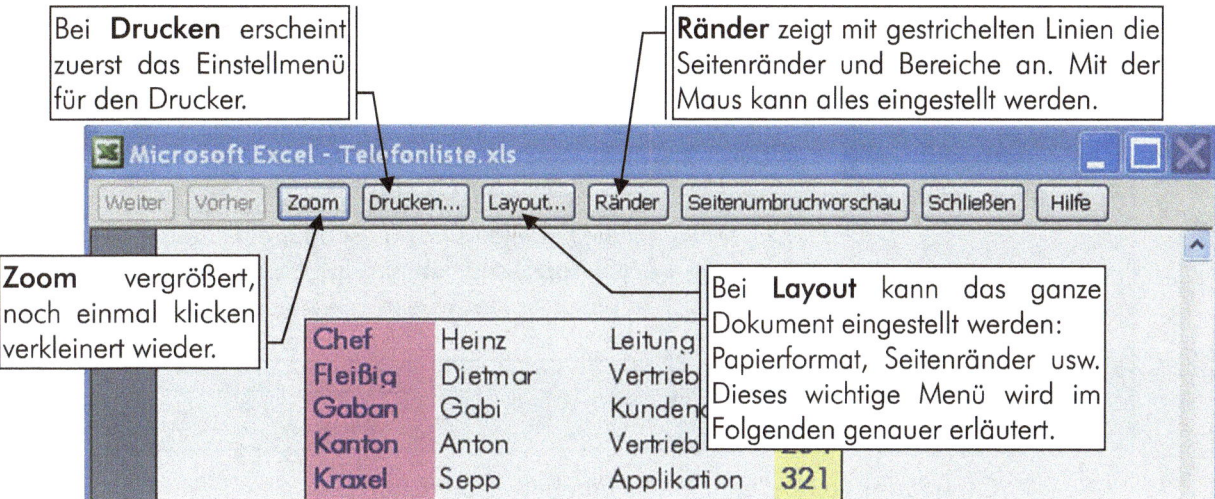

- Bei **Seitenumbruchvorschau** können Sie festlegen, an welcher Position eine neue Seite beginnen soll, falls die Tabelle nicht auf ein Blatt passt.
  - Vorhandene Seitenwechsel (gestrichelte, dicke Linien) können mit der **linken Maustaste** verschoben werden,
  - mit der **rechten Maustaste** kann ein **Seitenwechsel** an der aktuellen Cursorposition gesetzt werden,
- Mit **Schließen** können Sie das obige Menü verlassen und bei **Hilfe** wird die Seitenansicht erklärt.
- **Probieren** Sie aus: Zoom, Drucken, Ränder, Hilfe, Schließen.

Im **Menü Ansicht** können Sie die Seitenumbruchvorschau auch öffnen, wobei allerdings die Symbolleiste fehlt (zurück mit Ansicht-Normal).

4.6 Seite einrichten

- Das Menü, um die Seite einzurichten (Papierformat, Seitenränder …), können Sie auf zwei Wegen starten:
  - aus der **Seitenansicht** mit Layout (siehe vorherigen Abschnitt)
  - oder direkt bei **Datei-Seite einrichten**.
- Schließen Sie die Seitenansicht und wählen Sie den Menü-Befehl **Datei-Seite einrichten** (Wenn Sie aus der Seitenansicht die Schaltfläche Layout wählen, fehlen die Befehle Drucken und Seitenansicht).

4.6.1 Das Papierformat

Ein Menü mit vier Karteikarten erscheint. Beginnen wir mit der ersten:

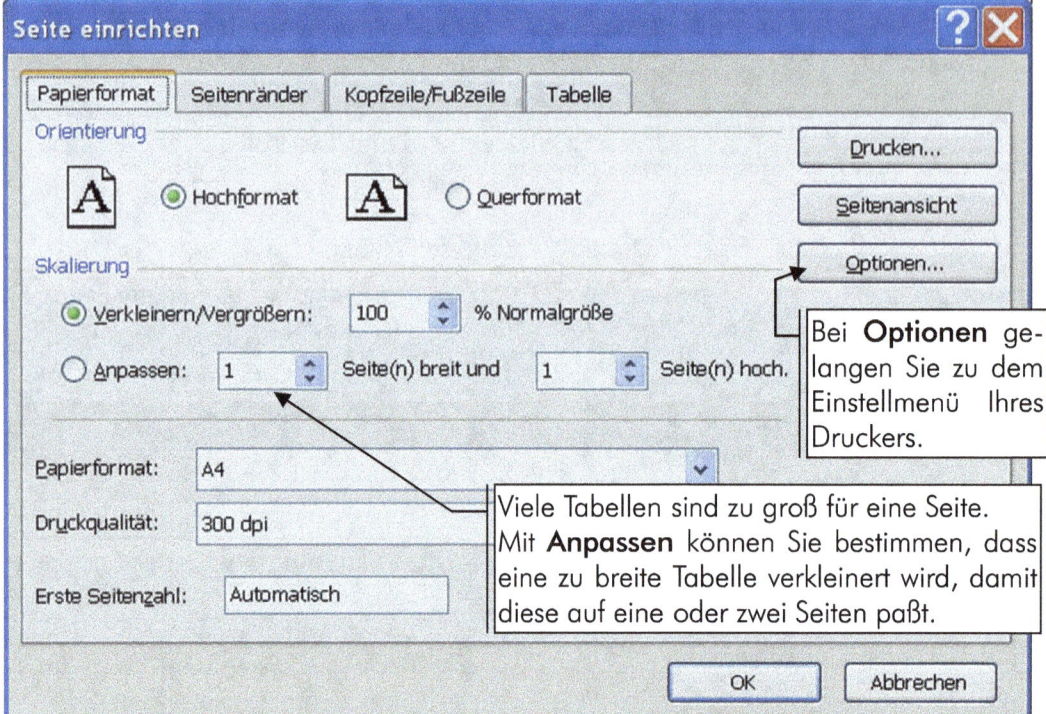

- **Querformat** einstellen und das Ergebnis begutachten.
- Seitenansicht erneut starten und die Tabelle auf **150 % vergrößern**. Nach OK das Ergebnis begutachten.

4.6.2 Die Seitenränder

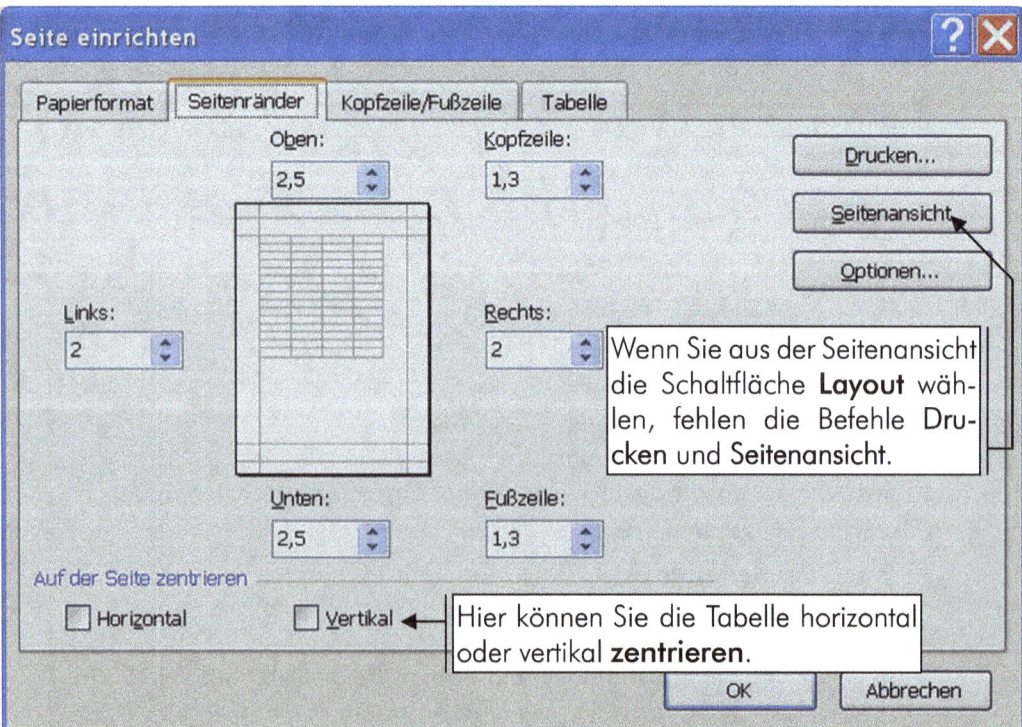

- **Zentrieren** Sie in diesem Menü die Tabelle horizontal und vertikal.

4.6.3 Die Kopfzeile und Fußzeile

Eine Seite ist in drei Bereiche aufgeteilt:

Kopfzeile

- Weil Tabellen sich über mehrere Seiten erstrecken können, gibt es einen Kopfteil, die **Kopfzeile**, die auf allen Seiten wiederholt wird.
  - ↳ Hier wird der Name der Tabelle vermerkt, evtl. weitere Zusatzinformationen, z.B. das Datum.
- Die **Daten** sind in dem Mittelteil untergebracht.
  - ↳ Für diesen Bereich gelten die auf der vorigen Seite erwähnten Einstellungen der **Seitenränder**.
- Unten gibt es die **Fußzeile**, in der bei Excel standardmäßig die Seitenzahlen stehen. Weitere Informationen können ergänzt werden.
- Die **Größe der Kopf- oder Fußzeile** kann bei den Seitenrändern eingetragenen werden:
  - ↳ „Oberer Seitenrand minus Abstand der Kopfzeile vom Seitenrand" ergibt den zur Verfügung stehenden Platz, entsprechend bei der Fußzeile.

4.6.4 Kopf- und Fußzeile einrichten

Stellen wir die Kopfzeile gemäß unseren Wünschen ein. Dabei gibt es zwei Möglichkeiten:

- Die einfachere mit der Abrollliste bei **Kopfzeile**.
  - ↳ Hier können Sie einen Eintrag, z.B. **„Seite 1 von ?"** oder den Tabellennamen auswählen, der dann zentriert angeordnet wird.

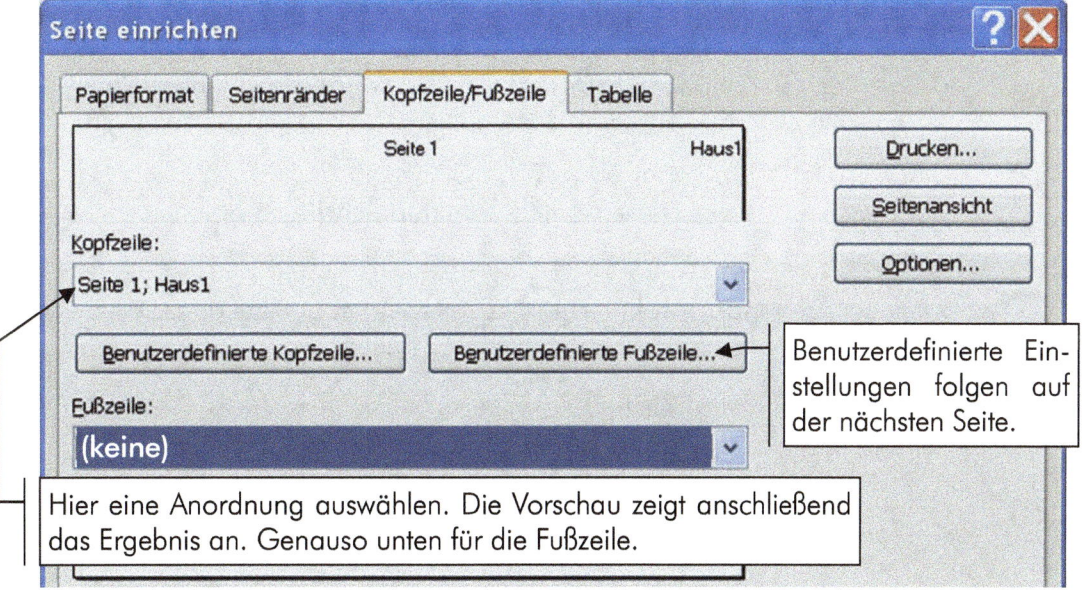

Sollen mehrere Einträge in einer Kopf- oder Fußzeile platziert werden, können Sie die Schaltfläche „**benutzerdefinierte Kopfzeile**" oder „benutzerdefinierte Fußzeile" wählen.

- Damit können **verschiedene Einträge** entweder **links, zentriert oder im rechten Bereich** der Kopf- oder Fußzeile angeordnet werden.

Hier ist schon mit **&Register** angegeben, dass der Name des Blattes, hier Tabelle 1, in der Kopfzeile steht. Die weiteren Symbole bedeuten:

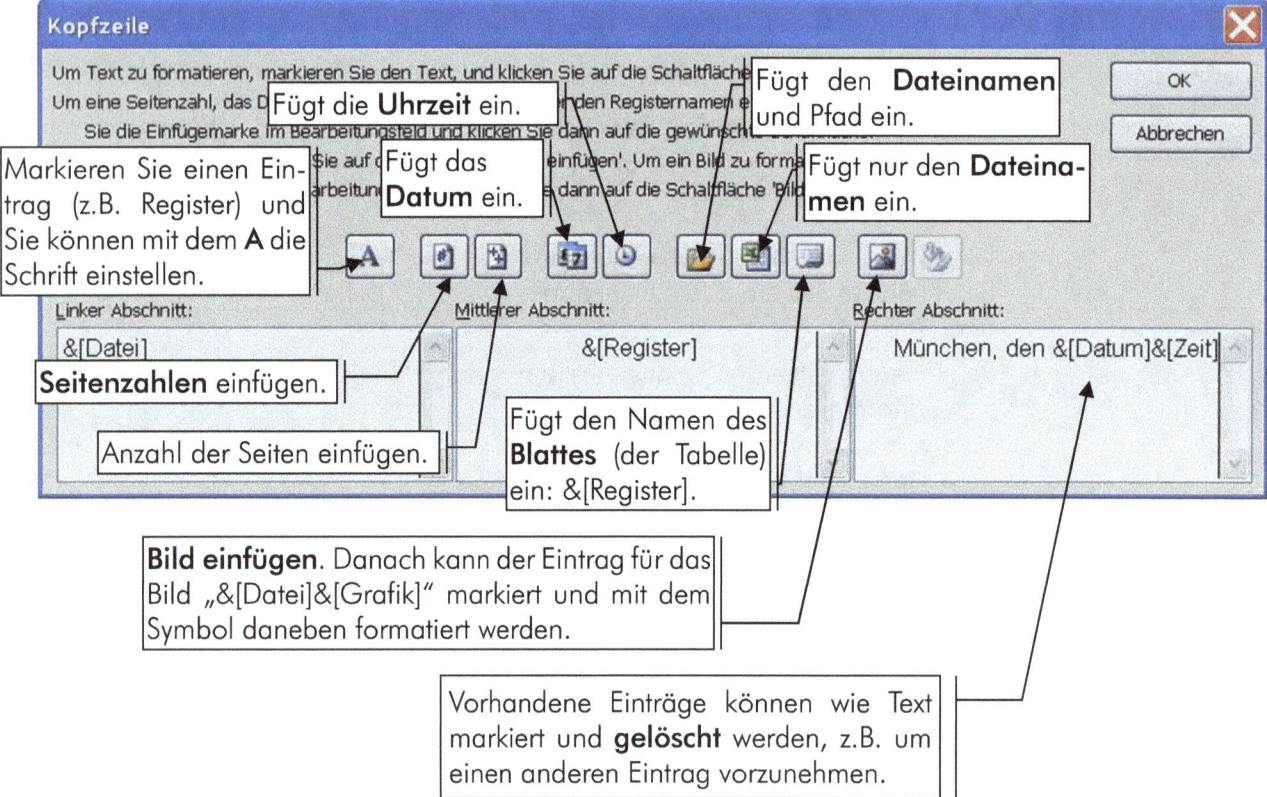

Setzen Sie ein:

> Tragen Sie links den **Dateinamen** ein und

> in der rechten Kopfzeile das **Datum mit Ortsangabe**. Hierfür schreiben Sie rechts z.B. München, den, dann dahinter Datum und Uhrzeit einfügen.

> Formatieren Sie alle Elemente mit **9 Punkten Schriftgröße**.

Wechseln Sie zur **benutzerdefinierten Fußzeile** und tragen Sie dort die Seitenzahlen wie folgt ein. Der Eintrag könnte so aussehen:

> Seite &[Seite] von &[Seiten] Seiten.
>> **Seite** schreiben, dann dahinter das Symbol für Seiten drücken,
>> dann „von" schreiben und das Symbol für **Anzahl der Seiten** einfügen, ergibt im Ausdruck z.B.: **Seite 2 von 7 Seiten**.

4.7 Die Bildlaufleiste

ist ein ganz wichtiges Hilfsmittel, um in einer Tabelle zu dem Teil zu gelangen, der nicht am Bildschirm angezeigt wird. Stellen Sie sich einfach vor, Sie hätten eine echte Telefonliste einer mittleren Firma mit über hundert Namen vor sich.

Die **Richtungstasten** bewegen den Cursor, mit der Bildlaufleiste können Sie den angezeigten Bereich verschieben. Falls die Bildlaufleisten versehentlich ausgeblendet sein sollten, können Sie diese bei **Extras-Optionen** auf der Karteikarte **Ansicht** aktivieren.

Mit diesen **Pfeilen** am Ende der Bildlaufleiste können Sie den angezeigten Bereich um jeweils eine Zelle verschieben.

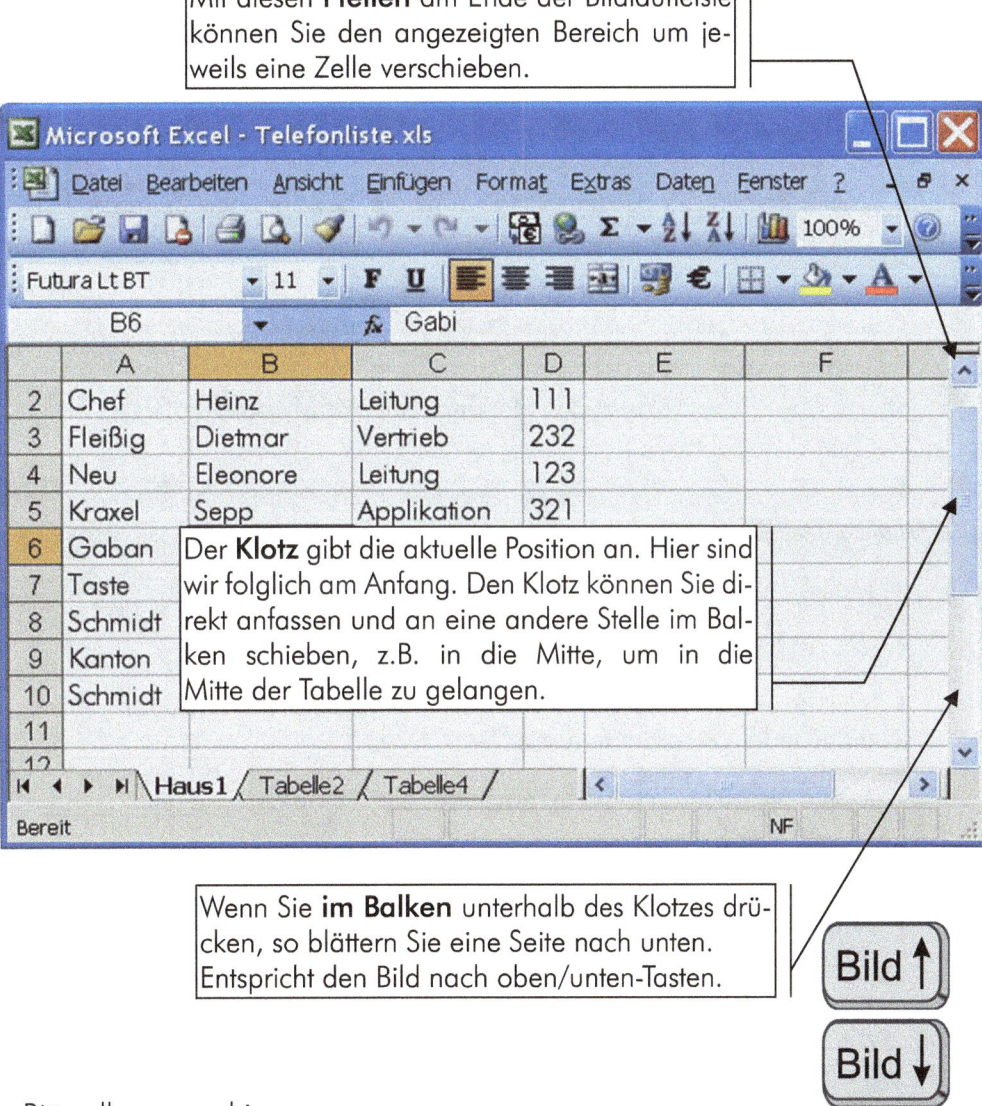

Der **Klotz** gibt die aktuelle Position an. Hier sind wir folglich am Anfang. Den Klotz können Sie direkt anfassen und an eine andere Stelle im Balken schieben, z.B. in die Mitte, um in die Mitte der Tabelle zu gelangen.

Wenn Sie **im Balken** unterhalb des Klotzes drücken, so blättern Sie eine Seite nach unten. Entspricht den Bild nach oben/unten-Tasten.

Bitte alles ausprobieren.

- ◆ Zur Information noch ein paar nützliche **Shortcuts**:
  - ↳ **[Strg]-a** markiert die gesamte Tabelle,
  - ↳ **[Strg]-[Ende]** und Sie sind am Ende der Tabelle,
  - ↳ **[Strg]-[Pos 1]** befördert Sie zum Anfang,
  - ↳ **[Strg]-[Umschalt]-[Ende]** markiert von der aktuellen Cursorposition bis zum Ende des Blattes, **-[Pos 1]** bis zum Anfang.

4.8 Zusammenfassung

Das war ein kleiner Exkurs zur Formatierung, von dem Sie folgendes mitgenommen haben sollten:

Allgemein:

- Bevor Sie die **Schriftart** ändern können, müssen Sie den Text zuerst

- Bei einer **Datenbank** liegt das Schwergewicht auf dem Sammeln von

- bei einer **Tabellenkalkulation** auf der Durchführung von _____

Einstellen und Formatieren:

- Wie kommen Sie zu dem Menü, um die **Seitenränder** einzustellen? Hierfür gibt es zwei Wege:

  _____

  _____

- Was ist das Merkmal einer **Kopf- oder Fußzeile**?

  _____

Sortieren und Kopieren:

- Malen Sie die Symbole zum **Sortieren**: _____
- Was ist beim **Sortieren** zu beachten? _____
- Welche drei **Shortcuts für Ausschneiden, Kopieren, Einfügen** gibt es, die in jedem Programm gelten? _____
- Malen Sie außerdem die **Symbole** für diese Befehle: _____

Die Bildlaufleiste:

- Wie kommen Sie mit der **Bildlaufleiste** am schnellsten in die Mitte einer langen Tabelle? Bitte links im Seitenrand die Bildlaufleiste mit Beschreibung zeichnen.

  _____

- Woran sehen Sie in der Bildlaufleiste Ihre aktuelle Position in einem Tabellenblatt?

  _____

- Mit welcher Tastenkombination kommen Sie an den **Anfang** einer Tabelle?

  _____

2. Teil

Berechnungen im Excel

5. Eine Summe berechnen

Jetzt kommen wir Schritt für Schritt zu den hauptsächlichen Anwendungen von Excel, verschiedenste Berechnungen durchzuführen.

- Das hilft z.B. bei:
  - **Rechnungen**,
  - Architekten können **Wohnungsgrößen** ermitteln,
  - allen **Kalkulationen**: Bausparvertrag, Leasing oder Kauf, Immobilienfinanzierung,
  - Einnahmen und Ausgaben berechnen usw.
- Der große Vorteil liegt darin, dass die Berechnungen, sofern einmal eingerichtet,
  - **automatisch** durchgeführt und aktualisiert werden.
  - Dadurch kann mit **unterschiedlichen Werten** experimentiert werden, z.B. Anzahlung von 5.000, 8.000 oder 10.000 beim Autoleasing.

5.1 Übung vorbereiten

Damit Excel rechnet, wird eine **Formel** eingefügt.

- Beginnen Sie eine **neue Arbeitsmappe** und speichern Sie diese (in unserem Ordner!) unter dem Namen **Gesamtverkäufe pro Region**.
- **Erstellen** Sie folgende Tabelle:

GESAMTVERKÄUFE pro Region	
Region 1	34.555
Region 2	4.536
Region 3	34.345
Region 4	75.567
Region 5	104.223
Summe:	
Alle Werte in Euro	

In diese Zelle wird die **Formel** eingefügt, um die Summe automatisch zu berechnen.
Sie könnten die Zelle mit Doppelklicken öffnen, = schreiben und die Formel b2+b3+b4+b5+b6 eintragen. „b2" für die zweite Zeile in der Spalte b.
Auf der nächsten Seite werden komfortablere Eingabemöglichkeiten vorgestellt.

5.2 Die Eingabemöglichkeiten

Es gibt zahlreiche Möglichkeiten, Formeln einzutragen.

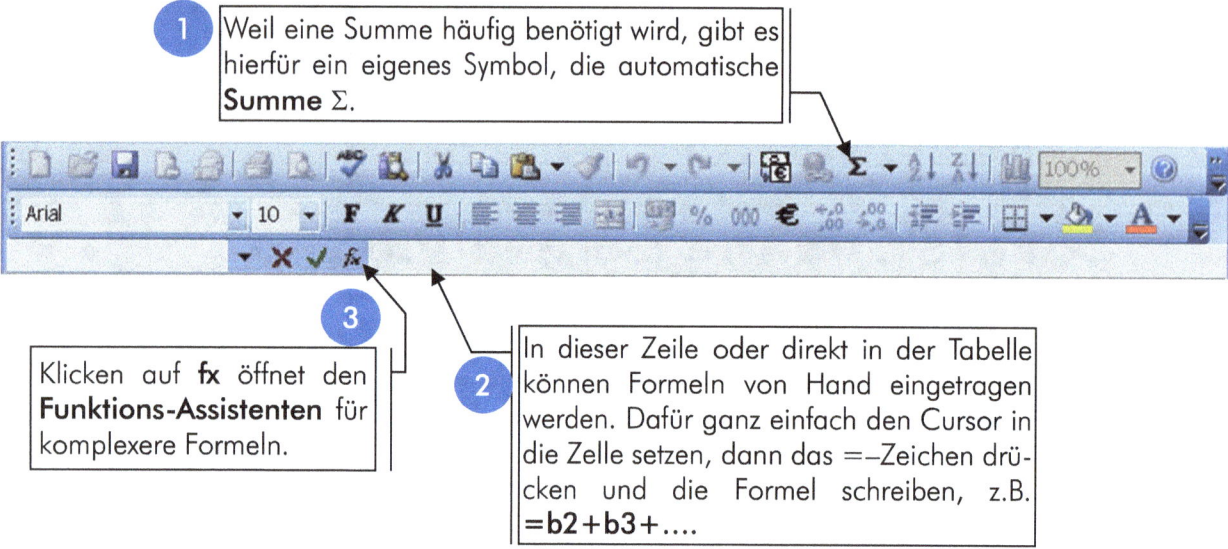

1 Weil eine Summe häufig benötigt wird, gibt es hierfür ein eigenes Symbol, die automatische **Summe** Σ.

3 Klicken auf **fx** öffnet den **Funktions-Assistenten** für komplexere Formeln.

2 In dieser Zeile oder direkt in der Tabelle können Formeln von Hand eingetragen werden. Dafür ganz einfach den Cursor in die Zelle setzen, dann das =–Zeichen drücken und die Formel schreiben, z.B. =b2+b3+....

5.3 Die automatische Summe

Probieren Sie für die Summe folgende Varianten:

- Zuerst die **Zelle anklicken**, in der die Summe eingefügt werden soll.
- Drücken Sie das Symbol für die automatische **Summe**.

GESAMTVERKÄUFE pro Region	
Region 1	34.555
Region 2	4.536
Region 3	34.345
Region 4	75.567
Region 5	104.223
Summe:	=SUMME(B2:B6)

Excel sucht einen Bereich mit Zahlen in der Annahme, dass diese addiert werden sollen. Sollte diese **Vorauswahl** nicht stimmen, können mit gedrückter Maustaste andere Zellen gewählt werden.

Hier wird die Formel angezeigt. Mit **Return** bestätigen.

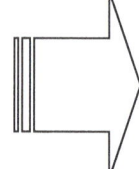

- Der Eintrag =**Summe(B2:B6)** ist einfach zu verstehen, wenn Sie daran denken, dass jede Zelle durch die Koordinaten bestimmt ist:
  - Daten in der zweiten Spalte B und in den **Zeilen 2 bis 6** addieren.
  - Der Eintrag: =**Summe(B2:B6)** entspricht damit diesem längeren Eintrag: =**B2+B3+B4+B5+B6**. Durch die +-Zeichen ist **keine** Summe erforderlich.

Übung fertigstellen:

- Zum Abschluss die Formel mit **Return** bestätigen.
- **Ändern** Sie den Wert in Region 2 von 4.536 in 44.536 und beobachten Sie, wie die Summe nach **Return** automatisch aktualisiert wird.

5.4 Tabelle fertigstellen

Formatieren geht mit diesen Symbolen am schnellsten:

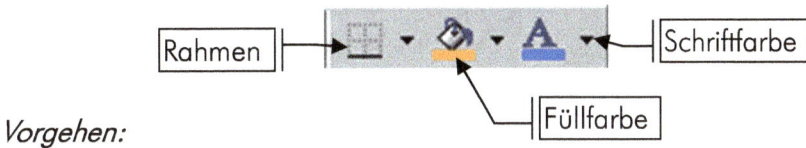

Vorgehen:

- Zeile **markieren**, dann bei
  - einem Symbol, z.B. Füllfarbe, den **Pfeil** drücken (▼) und
  - in dem **Auswahlmenü** eine andere Farbe wählen.

Mit **Format-Zellen** oder mit der **rechten Maustaste-Zellen formatieren** können Sie ein Dialogfenster mit allen Einstellmöglichkeiten aufrufen:

Als Vorschlag:
Übungen zu den Berechnungen
Tabelle 1   Stand: (Datum)

> **Formatieren** Sie die Tabelle: Schriftart, Position, Füllfarbe usw., bis es schön aussieht, und **Drucken** Sie die Tabelle mittels der Seitenansicht.

5.5 Neuer Monat, neues Blatt, Umbenennen

Weil wir genügend Blätter haben, brauchen wir für den nächsten Monat weder diese Tabelle zu überschreiben noch eine neue Arbeitsmappe zu beginnen.

- **Markieren** Sie mit gedrückter Maus alle Werte der Tabelle.
- **Kopieren** (Symbol!) drücken,
    - ein **neues Blatt** einfügen (rechte Maustaste auf Tabelle1, dann einfügen und das leere Tabellenblatt wählen)
- und dort die kopierte Tabelle **einfügen**.
- Setzen Sie in die neue Tabelle **andere Werte** ein und
- **Benennen** Sie die Tabellenblätter nach dem Monat, ggf. die Blätter passend verschieben.

Damit es ganz perfekt wird, benennen wir die Blätter um:

Tabelle 1 wird zu Jan052,
Tabelle 2 wird zu Febr05,
usw.

Umbenennen

- Zum **Umbenennen** gibt es **drei Möglichkeiten**:
    - den Befehl **Format-Blatt-Umbenennen** oder
    - **rechte Maustaste** auf dem Tabellenreiter, dann **umbenennen** oder
    - den **Tabellenreiter mit Doppelklicken öffnen**, dann den Text überschreiben oder noch einmal klicken und korrigieren.

- **Benennen** Sie die Blätter wie dargestellt um.

	A	B	C
1	GESAMTVERKÄUFE pro Region		
2	Region 1	24.244	
3	Region 2	54.544	
4	Region 3	55.555	
5	Region 4	44.444	
6	Region 5	114.535	
7	Summe:	293.322	
8	Alle Werte in Euro		
9			

Jan05 / Febr05 \ März05

Bereit

Auf einen Tabellenreiter die **rechte Maustaste** drücken und Sie können ein Blatt umbenennen, löschen oder ein neues einfügen.

6. Formel und Koordinaten

Die Quadratmeterzahl einer Wohnung soll ermittelt werden.

> Aller Anfang: **neue Mappe**, speichern als Wohnungsberechnung.

> Erstellen Sie auf **Blatt 1** folgende Tabelle:

Sie müssen nicht links oben anfangen. Oft ist es sinnvoller, ein paar Zeilen frei zu lassen, damit später Überschriften ergänzt werden können.

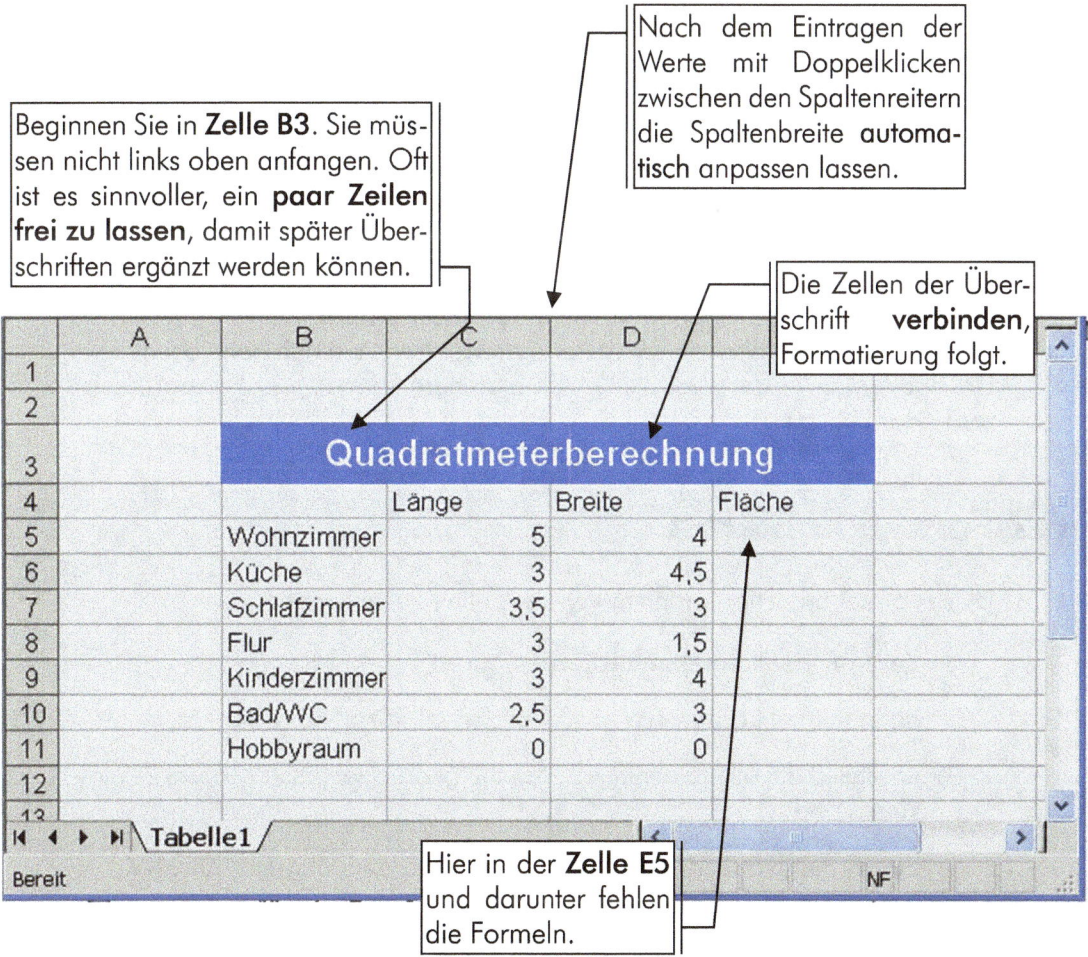

Beginnen Sie in **Zelle B3**. Sie müssen nicht links oben anfangen. Oft ist es sinnvoller, ein **paar Zeilen frei zu lassen**, damit später Überschriften ergänzt werden können.

Nach dem Eintragen der Werte mit Doppelklicken zwischen den Spaltenreitern die Spaltenbreite **automatisch** anpassen lassen.

Die Zellen der Überschrift **verbinden**, Formatierung folgt.

Hier in der **Zelle E5** und darunter fehlen die Formeln.

Es gibt mehrere Möglichkeiten, die Formel einzutragen. Zunächst werden wir die Formel mit der leichtesten und praktischsten Methode, die für solche einfachen Berechnungen geeignet ist, angeben, durch Zeigen mit der Maus.

6.1 Schnelleingabe durch Zeigen

Die Formel wird nur einmal angegeben, dann mehrfach nach unten kopiert.

Formel mit Zeigen eintragen:

- **Klicken** Sie auf E5, damit diese Zelle markiert ist,
- dann „=" schreiben und mit der Maus die Zelle C5 mit dem Wert 5 anklicken,   `Zeigen`
- „*" (für multiplizieren) schreiben, dann
- den nächsten zu multiplizierenden **Wert 4 in der Zelle D5** anklicken.
- Die Formel ist fertig und kann mit **Return** abgeschlossen werden.

Über das „Zeigen":

- Sie können durch **Zeigen**
  - sowohl **einzelne Zellen** nacheinander anklicken, um entfernt stehende Werte aufzunehmen,
  - als auch mehrere zusammenstehende Zellen durch einen **Rahmen** markieren.

Wenn der **Excel-Vorschlag** bei einer Formel nicht passt, können auf diese Art die richtigen Zellen angegeben werden.

Damit haben Sie die Eingabe mit dem **Summensymbol** und die praktischste Methode durch **Zeigen** mit der Maus kennengelernt, die nun noch bei einigen Übungen angewendet wird, bis für kompliziertere Formeln der **Formel-Assistent** erforderlich wird.

6.2 Formel kopieren

Diese Formel brauchen wir nicht in jeder Zelle neu einzugeben.

- Zelle mit der Formel **anklicken**,
- dann Formel **kopieren**: am schnellsten mit **[Strg]-C** (C für Copy),   `[Strg]-C`
- anschließend alle folgenden Zellen mit gedrückter linker Maustaste markieren und
- die Formel **einfügen**: mit dem Symbol oder dem Shortcut **[Strg]-V**.   `[Strg]-V`

Beachten Sie, dass in den neuen, kopierten Formeln die Bezüge automatisch geändert wurden, z.B. statt **C5*D5** wird **C6*D6** usw. berechnet. Klicken Sie die Zellen an und überzeugen Sie sich davon.

Gerade haben wir die Formel **relativ** kopiert, weil Excel die zu multiplizierenden Werte relativ zur Position der Formel angepasst hat.   `relativ`

6.3 Mit Summe das Ergebnis einfügen

Wir brauchen eine **Summe** der Felder E5 bis E11.

Das können Sie bereits mit dem Summensymbol:

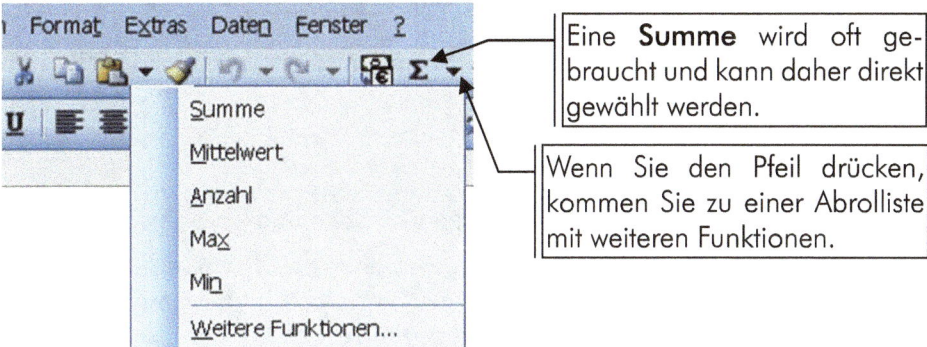

Eine **Summe** wird oft gebraucht und kann daher direkt gewählt werden.

Wenn Sie den Pfeil drücken, kommen Sie zu einer Abrollliste mit weiteren Funktionen.

➢ Klicken Sie die errechnete Summe an und betrachten Sie oben in der **Formelzeile** die Formel, welche Excel automatisch eingesetzt hat.

♦ Der Ausdruck (**E5:E11**) steht folglich für die Felder von E5 bis E11. Daraus wird je nach Formel z.B.
   ↳ **Summe(E5:E11)** = E5+E6+...+E10+E11 oder
   ↳ **Produkt(E5:E11)** = E5*E6*...*E10*E11.

6.4 Absolute und relative Koordinaten

Das ist hier die richtige Stelle für einige theoretische Anmerkungen bezüglich der Excel-Sprache.

6.4.1 Relative Bezüge

Normalerweise, wie gerade durchgeführt, arbeiten wir mit relativen Koordinaten. Ein Beispiel:

	A	B	C
1	55	556	
2	234	334	
3	=A1+A2	=B1+B2	

Kopieren Sie diese Formel **=A1+A2** in die nächste Spalte, so trägt Excel automatisch ein: **=B1+B2**. Damit stimmt der Wert, wir können Formeln ohne Aufwand in andere Zellen kopieren.

Relative Bezüge bedeutet folglich: die Koordinaten werden relativ zur Position beim Verschieben oder Kopieren angepasst.

6.4.2 Absolute Bezüge

In Ausnahmefällen soll die Formel absolut unverändert kopiert werden, z.B. wenn wir ein Ergebnis an einer anderen Stelle weiterverwenden wollen.

Excel nimmt keine automatische Anpassung der Bezüge vor, wenn jeder Koordinatenangabe ein **$-Zeichen** (Dollar) vorangestellt wird. Im obigen Beispiel würde die Formel lauten:

=$A$1+$A$2

- Beachten Sie, dass je ein $-Zeichen für Spalte und Zeile erforderlich ist.
  - Dadurch ist es möglich, z.B. nur die Spalte absolut zu setzen, die Zeile jedoch weiterhin veränderbar (relativ) zu lassen oder umgekehrt: nur Spalte absolut **$A1**, nur Zeile absolut **A$1**.

Diese Formel können Sie in jede beliebige Zelle kopieren. Es wird immer der bei **A1** und **A2** eingetragene Wert addiert, selbst wenn Sie die Werte in diesen Zellen ändern. Somit können Sie dieses Ergebnis an anderen Stellen, sogar auf anderen Blättern, verwenden.

6.4.3 Formel absolut kopieren

Wenn Sie Formeln ohne diese automatische Aktualisierung kopieren wollen, gehen Sie so vor:

- Entweder Werten, die nicht geändert werden sollen (=die absolut sein sollen), ein **$** voranstellen oder
- Zelle anklicken, Formel in der **Bearbeitungszeile** markieren und dort **kopieren**,
  - dann jedoch mit **[Esc]** abbrechen, damit diese Zeile unverändert bleibt.

| E5 | ▼ | fx =C5*D5 |

  - Jetzt haben Sie die Formel mit **absolutem Bezug** im Arbeitsspeicher und können diese in beliebig viele andere Zellen einfügen.

6.4.4 Stellvertreter

Außerdem müssen Sie, etwa wenn eine lange Liste addiert werden soll, nicht alle Zellen angeben. Sie können (siehe voriges Beispiel) die zu addierenden Zellen mit der Maus markieren oder die Koordinaten direkt eintragen. Der Doppelpunkt gibt Bereiche an. Eine kleine Auswahl:

A5:C20   Der Bereich zwischen Spalte A, Zeile 5 und Spalte C, Zeile 20.

5:20   Alle Zellen zwischen Zeile 5 und Zeile 20.

B:B   Alle Zellen in Spalte B.

6.5 Die Überschrift gestalten

Zuerst zu der Überschrift. Diese soll zur Abwechslung invertiert werden (weiße Buchstaben auf dunklem Hintergrund):

Quadratmeterberechnung

- ♦ Wählen Sie mit den Symbolen **Füllfarbe** blau und **Schriftfarbe** Weiß.
  - ↳ Bei **Schriftfarbe automatisch** wird der Text auf schwarzem Hintergrund weiß, bei anderem Hintergrund wie üblich schwarz gedruckt.
- ➢ Stellen Sie zusätzlich eine **größere Schrift** ein, ca. 18 Punkte, alle vier Spalten verbinden.
- ➢ Wählen Sie: **Format-Zeile-Höhe** und tragen Sie eine besonders große Zeilenhöhe ein, ca. 30 Punkte.
- ♦ Bei **Format-Zeile-Optimale Höhe** wird die Zeilenhöhe an die Schriftgröße angepasst.
  - ↳ Bei **größerer Schrift** wird automatisch eine größere Zeilenhöhe eingestellt. **Sollte die Schrift einmal abgeschnitten sein**, diese Funktion wählen oder die Zeilenhöhe vergrößern.

6.6 Format übertragen

Diesmal werden wir die restliche Tabelle auf eine schnellere Art formatieren. Wir werden nicht jede Zeile neu einstellen, sondern nur eine und deren Einstellungen auf die anderen Zeilen übertragen.

Damit können wir viel schneller Tabellen einstellen, in denen die Zeilen zur besseren Übersicht **zweifarbig** ausgeführt sind.

So sollte es werden:

Quadratmeterberechnung

	Länge	Breite	Fläche
Wohnzimmer	5	4	20
Küche	3	4,5	13,5
Schlafzimmer	3,5	3	10,5
Flur	3	1,5	4,5
Kinderzimmer	3	4	12
Bad/WC	2,5	3	7,5
Hobbyraum	0	0	0
		Gesamt:	**68**

Eine Zeile z.B. hellblau, dann eine gelb usw.

- ➢ **Markieren** Sie bei Wohnzimmer die Zahlen 5, 4 und 20.
- ➢ Stellen Sie mit dem Füllsymbol die **Hintergrundfarbe** hellblau ein.
- ➢ Doppelklicken Sie auf das Symbol für **Format übertragen**:

Format übertragen.

➢ Jetzt **jede zweite Zeile** mit diesen Einstellungen formatieren.

➢ Zum Abschluss **noch einmal auf Format übertragen** klicken, damit diese Funktion ausgeschaltet wird.

Klicken oder Doppelklicken bei Format übertragen?

- Mit Doppelklicken ist Format übertragen eingeschaltet und solange aktiv, bis durch erneutes Drücken diese Funktion ausgeschaltet wird.

- Klicken Sie nur einmal auf Format übertragen, können Sie ein einziges Mal die Formatierungen kopieren.

Übung fertigstellen:

➢ Mit den **gelben Zeilen** genauso verfahren.

➢ **Gesamt** rot hinterlegen und fett einstellen, die Zeilen- und Spaltentitel mit blauer Schrift versehen, fertig ist die Tabelle.

➢ In der Seitenansicht **zentriert** einstellen, Kopf- und Fußzeile anpassen und die ganze Berechnung drucken.

Es ist auch möglich, zwei **verschiedenfarbige Zeilen** auf einmal den nächsten beiden Zeilen zu übertragen.

6.7 Übung Raumberechnung

Um die Formeleingabe noch etwas zu üben, werden wir noch ein paar Summen berechnen.

Excel trägt bei Formeln die oberhalb stehenden Zahlen als Vorschlag ein. Sollen andere Werte in die Rechnung einbezogen werden, ist dies durch Anklicken mit der Maus (Zeigen) sehr einfach möglich.

Erstellen Sie folgende Übung:

	Quadratmeter		
	Haus 1	Haus 2	Haus 3
R1	55	90	33
R2	55	67	100
R3	90	40	33
R4	67		
Summe:	267	197	166
Gesamt:	**630** (Haus 1 + Haus 2 + Haus 3)		

Die Summen mit dem Symbol Σ einfügen.

Hier die Werte durch Zeigen mit der Maus angeben.

Formel mit Zeigen eintragen:

➢ Die Zelle neben Gesamt anklicken, dann = schreiben und mit der Maus **267** anklicken,

➢ **+** schreiben, den nächsten zu addierenden Wert **197** anklicken,

➢ wieder **+** und **166** anklicken, die Formel ist fertig und kann mit **Return** abgeschlossen werden.

Zeigen

Wenn der Excel-Vorschlag bei einer Formel nicht passt, können auf diese Art die richtigen Zellen angegeben werden.

7. Der Funktionsassistent

Jetzt werden wir uns den Funktionsassistenten anschauen, mit dem komplexere Formeln eingegeben werden können. Einfache Formeln durch Zeigen, schwierigere Formeln werden aus den Funktionsassistenten ausgewählt.

7.1 Lottozahlen mit dem Funktionsassistenten

Wollen Sie Lottozahlen errechnen lassen? Bei den ersten programmierbaren Taschenrechnern war dies eine Spielerei, die natürlich auch im Excel geht. So einfach, um hierbei sich mit dem Funktionsassistenten vertraut zu machen.

➢ Beginnen Sie eine neue Mappe für die folgenden Übungen.

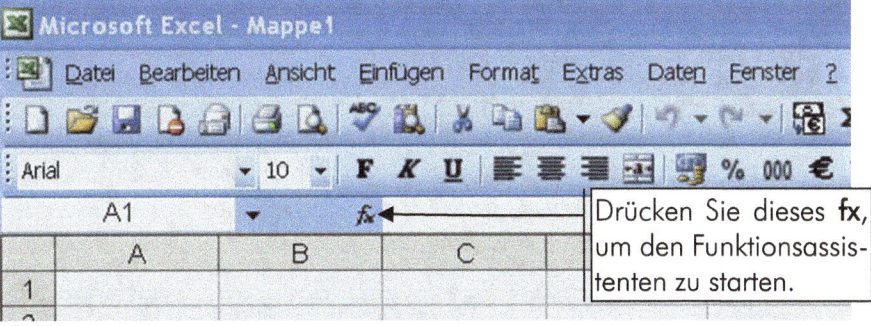

Drücken Sie dieses **fx**, um den Funktionsassistenten zu starten.

Der Weg über den Funktionsassistenten ist bei schwierigeren Formeln nützlich.

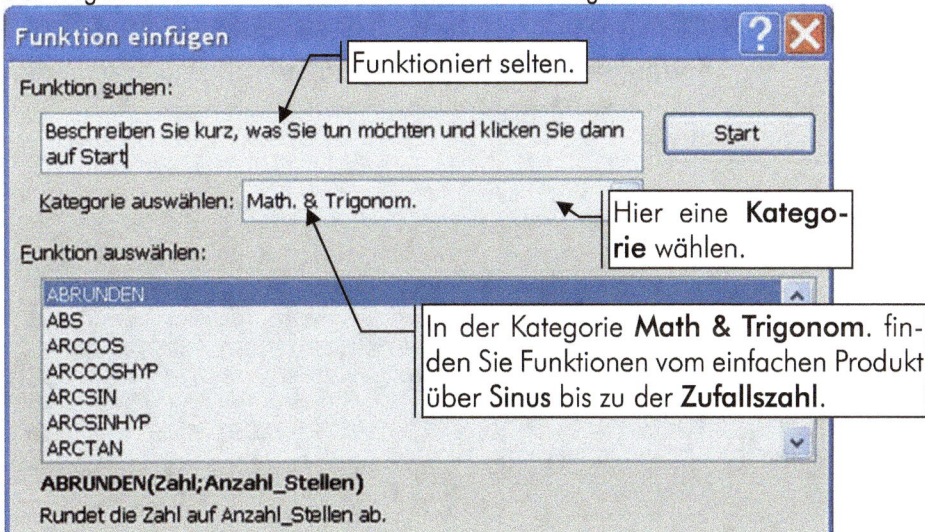

Funktioniert selten.

Hier eine **Kategorie** wählen.

In der Kategorie **Math & Trigonom.** finden Sie Funktionen vom einfachen Produkt über **Sinus** bis zu der **Zufallszahl**.

7.1.1 Über die Kategorien

- Die zuletzt verwendeten Funktionen sind direkt im Menü sowie in der Kategorie „**Zuletzt verwendet**" aufgeführt.
- Bei „**Alle**" sind alle verfügbaren Funktionen alphabetisch sortiert.

Außerdem sind alle vorhandenen Formeln in Kategorien einsortiert:

- Formeln zu Finanzen wie Kreditberechnung, Rendite eines Wertpapiers, Abschreibungsberechnungen bei **Finanzmathematik**.

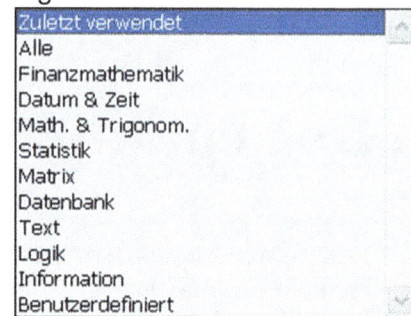

- **Datum & Zeit** für Zeitberechnungen, etwa um Skonto zu einem Zahltermin zu berechnen oder für ganze Schichtarbeitspläne.
- Bei **Mathematisch & Trigonometrisch** sind alle möglichen Formeln aus der Mathematik, von Sinus über Runden, Fakultät bis zur Wurzel oder Zufallszahl, zu finden.
- **Statistische Formeln** wie die Häufigkeit eines Wertes, diverse Mittelwerte, die Standardabweichung, Steigung, Varianz oder Nominalverteilung.
- Bei **Matrix** wird es noch mathematischer, der SVerweis wird am Ende dieses Buches vorgestellt, ansonsten können Sie hier Werte eines Bereiches vergleichen oder eine Zeilen- oder Spaltennummer ermitteln.
- Bei **Datenbank** können Sie Bereiche nach bestimmten Werten durchsuchen oder Zahlen in einer Datenbank summieren.
- Bei **Text** können Sie unter anderem Text in Zahlen umwandeln und umgekehrt oder Leerzeichen in Texten löschen oder identische Texte oder die Anzahl einer Zeichenfolge ermitteln.
- Bei **Logik** finden sich Funktionen, die zu einer Ausgabe von WAHR oder FALSCH führen, z.B. UND bzw. ODER-Verknüpfungen. Beispiele folgen am Ende dieses Buches.
- Auch bei **Information** können Sie Wahr oder Falsch ermitteln, z.B. Wahr, wenn ein Text statt einer Zahl vorhanden ist.

7.1.2 Die Hilfe

Unten im Formel-Menü finden Sie:

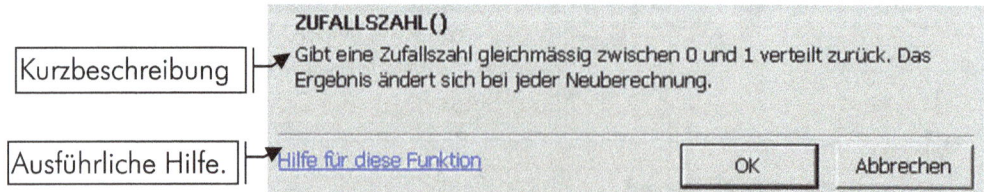

7.1.3 Formel ergänzen

Bei den Lottozahlen reicht die Funktion für die Zufallszahl nicht aus, da hiermit eine Zahl zwischen 0 und 1 ausgegeben wird, wir jedoch ein Zahl zwischen 1 und 49 brauchen.

> Wählen Sie aus der Kategorie „**Math. & Trigonom.**" ganz unten die **Zufallszahl**, dann die **Hilfe** für diese Funktion anklicken, danach OK.

> Ergänzen Sie die Formel gemäß dem Hilfetext zu:

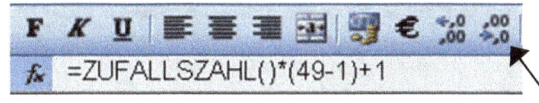

> Damit die Nachkommastellen verschwinden, das **Runden**-Symbol mehrmals drücken.

> Anschließend die Zelle markieren, **kopieren** und in die fünf folgenden Zellen **einfügen**, damit wir auf einen Schlag sechs Zufallszahlen erhalten.

Neue Werte:

> Wenn Sie **weitere Werte** wünschen, einfach alle sechs Zellen markieren, kopieren und in andere Zellen einfügen.

> Oder eine leere Zelle anklicken und die **[Entf]-Taste** drücken, da bei jedem Löschen oder Einfügen alle Werte neu berechnet werden.

Werte sortieren:

Da bei jedem Einfügen neue Werte errechnet werden, gibt es diese Methode, um die Werte zu konservieren und zu sortieren.

> Markieren Sie die Werte, dann kopieren.

> Eine neue, leere Zelle daneben markieren und **Bearbeiten-Inhalte einfügen** wählen,

> nur „**Werte**" ankreuzen und mit OK bestätigen.

> Anschließend die neuen Werte markieren, die Nachkomastellen entfernen und sortieren:

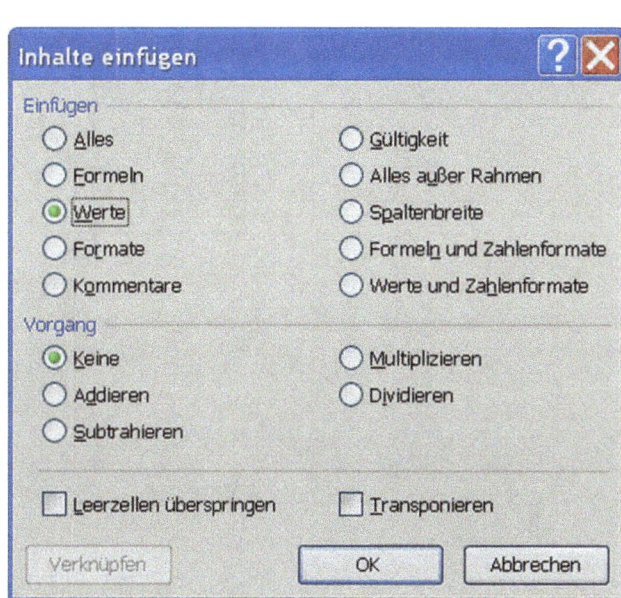

7.1.4 Ergebnisse fixieren

Sie können darüber das Datum schreiben und somit z.B. die Lottozahlen für die folgenden Ziehungen ermitteln:

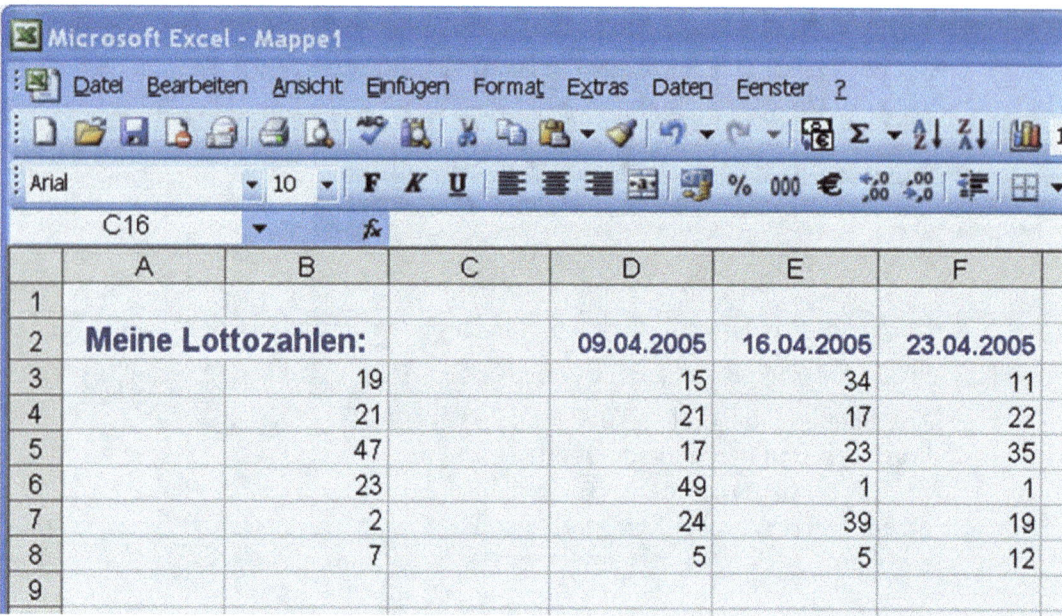

7.1.5 Die Smarttags

sind neu seit Office XP. Bei einigen Aktionen, so beim Einfügen wie in der vorigen Übung, erscheint ein kleines Symbol. Klicken Sie dieses an, so klappt eine Abrollliste mit den wichtigsten Aktionen auf, passend zu dem zuvor gewählten Befehl.

Damit ist es auch möglich, nur die Werte einzufügen, oder die Formatierung an die Zielzellen anzupassen.

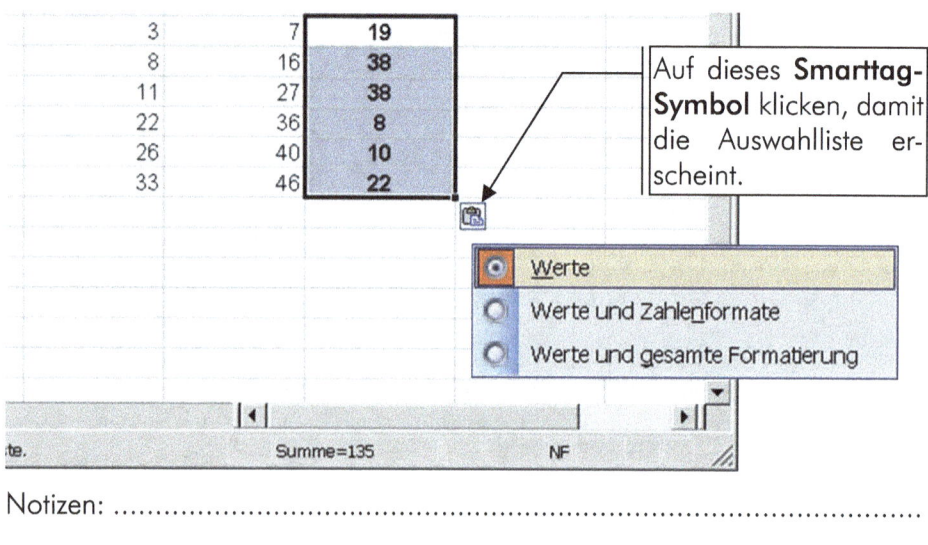

Auf dieses **Smarttag-Symbol** klicken, damit die Auswahlliste erscheint.

Notizen: ....

....

....

7.1.6 Werte aufbereiten

Natürlich wollen Sie üblicherweise jedes Mal mindestens 2 oder vier Kästchen spielen. Das würde jedoch bei der obigen Anordnung unübersichtlich werden, so dass wir die Werte für jedes Kästchen lieber nebeneinandersetzen.

> **Verschieben** Sie die vorhandenen Daten wie abgebildet unter die vorhandenen, fehlende ergänzen und danach die obigen Zeilen löschen. Auf diese Art muss nicht alles neu erstellt werden.

> **Die erste Reihe mit den Formeln** können Sie kopieren und auf einmal für alle vier Kästchen kopieren.

> Abschließend können Sie die Werte **fixieren**, indem Sie diese markieren, ausschneiden und als „Inhalte – Werte" einfügen.

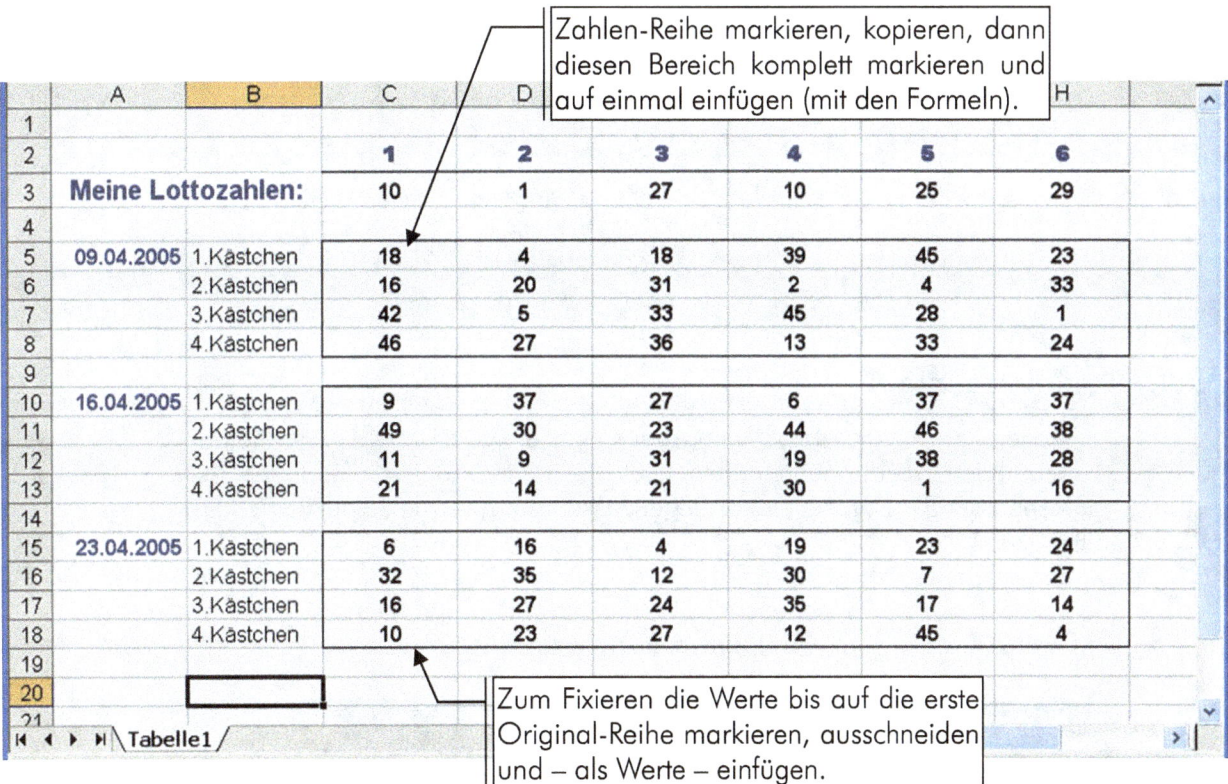

Es würde sich anbieten, jeweils ein Blatt für einen Monat zu verwenden. Die Zahlen könnten für einen Monat errechnet und fixiert werden, dann würde ein neues Tabellenblatt für den nächsten Monat erstellt werden.

Natürlich kann dabei das erste Blatt komplett kopiert werden. Nur Datum ändern, die Formeln noch einmal in alle Felder für die Lottozahlen kopieren und, nachdem die Lottozahlen aktualisiert wurden, fixieren.

7.2 Abschreibung

Sie wollen die Abschreibung für buchhalterische Zwecke oder den Wertverlust einer Investition ermitteln? Auch dafür gibt es Formeln. Zur Übung wollen wir den Wertverlust eines Kraftfahrzeuges ausrechnen.

Nehmen wir folgende Beispieldaten:

- Anschaffungspreis 35.000 €,
- Nutzungsdauer insgesamt von 15 Jahren,
- eine persönliche Nutzungsdauer von sechs Jahren mit einem Restwert nach diesen 6 Jahren von etwa 9.000 €.

Der reale Wertverlust ist anfangs besonders hoch, wird dann von Jahr zu Jahr geringer. Dafür ist im Excel die **Funktion DIA** (arithmetisch-degressive Abschreibung) vorbereitet. Eine Abschreibung mit gleichbleibenden Raten für buchhalterische Zwecke kann mit der **Funktion GDA2** (geometrisch-degressive Abschreibung) ermittelt werden.

Vorbereitung:

	A	B	C	D
1				
2				
3				
4		**PKW-Wertverlust**		
5				
6				
7		Neupreis	35.000,00 €	
8		Lebensdauer	15	
9		Nutzungsdauer	6	
10		Restwert	9.000,00 €	

7.2.1 Funktion suchen

Wir wollen Ihnen in diesem Schulungsbuch nicht einige Beispiele präsentieren, sondern Ihnen Excel so nahebringen, dass Sie Ihre individuellen Aufgaben damit lösen können. Dafür ist in der Regel zuerst eine geeignete Funktion zu ermitteln.

Nehmen wir an, Sie kennen nicht den Namen der Funktion. Dann können Sie im Excel 2003 geeignete **Funktionen suchen** lassen.

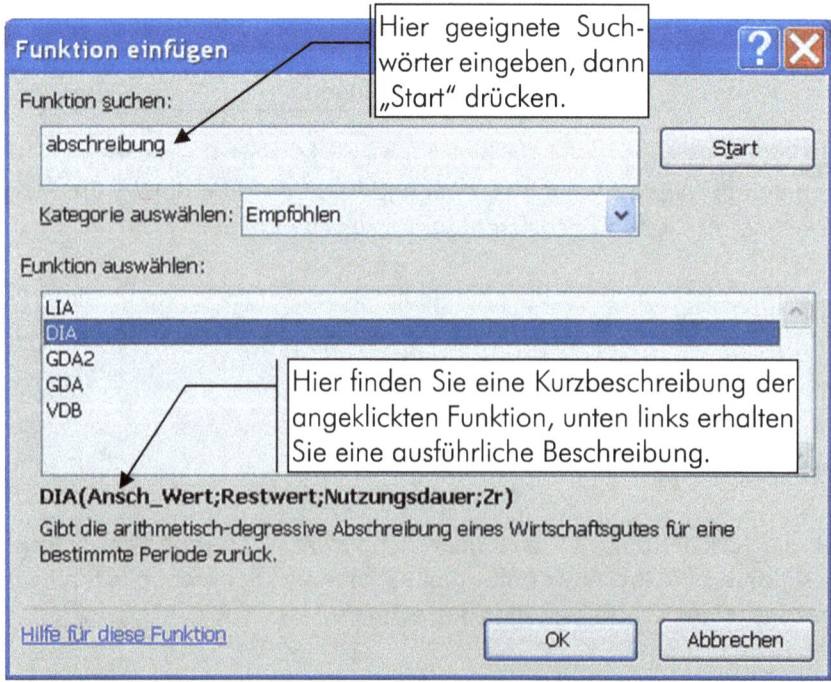

7.2.2 Formeleingabe durch Zeigen

➢ Klicken Sie eine leere Zelle an und wählen Sie die **Funktion DIA**. Dann im Funktionsassistenten einen Bereich anklicken, unten die Beschreibung lesen und den passenden Wert anklicken.

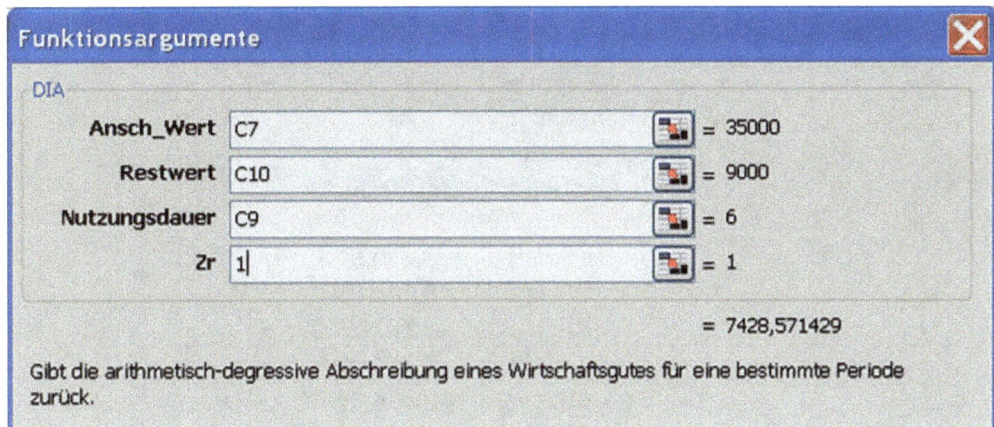

Sie sehen, dass Excel nicht den eigentlichen Wert im Funktionsmenü einträgt, sondern die Zelle. Das bietet den Vorteil, dass Sie die Werte jederzeit ändern können, das Formelergebnis wird aktualisiert.

7.2.3 Formel kopieren

Ein Wert für das erste Jahr ist damit ermittelt, weil bei Zr für das erste Jahr 1 eingegeben wurde, der Wertverlust für die folgenden Jahre fehlt noch.

Damit wir die Formel nicht fünf Mal neu setzen müssen, kopieren wir diese, wobei jedoch die Felder nicht verändert werden sollen, damit immer die gleichen Werte zur Berechnung herangezogen werden, nur das jeweilige Jahr soll verändert werden.

➢ Darum die Formel anklicken und die Angaben durch ein **vorangestelltes $-Zeichen** absolut setzen.

=DIA(C$7;C$10;C$9;1)

↳ Da die Formel nur nach unten kopiert wird, reicht es diesmal, **nur die Zeilennummer** absolut zu setzen.

➢ Jetzt können Sie die Formel in die folgenden fünf Zellen kopieren

➢ und abschließend in der Formel die letzte 1 für **das erste Jahr** durch entsprechende Jahresangaben ersetzen (2, 3, 4, 5).

➢ Zur Übersicht noch eine **Jahresangabe** davor schreiben. Nur das erste Jahr schreiben, dann rechts unten an der Zelle das Kästchen mit der Maus nach unten ziehen. Mehr hierzu ab Seite 64.

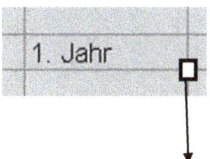

Die fertige Berechnung:

	A	B	C	D
3				
4		**PKW-Wertverlust**		
5				
6				
7		Neupreis	35.000,00 €	
8		Lebensdauer	15	
9		Nutzungsdauer	6	
10		Restwert	9.000,00 €	
11				
12		1. Jahr	7.428,57 €	
13		2. Jahr	6.190,48 €	
14		3. Jahr	4.952,38 €	
15		4. Jahr	3.714,29 €	
16		5. Jahr	2.476,19 €	
17		6. Jahr	1.238,10 €	
18		**Kontrollsumme:**	26.000,00 €	
19				

Die errechneten Werte entsprechen natürlich nicht den tatsächlichen Werten, da hierbei Marktschwankungen und die Käufernachfrage berücksichtigt werden müssten, da z.B. nach manchen Fahrzeugen, etwa mit sparsamen Motoren, gebraucht eine höhere Nachfrage bestehen könnte als nach anderen Typen.

7.2.4 Zum Abschluss

Anhand dieses Beispiels haben Sie die typischen Schritte beim Erstellen einer Berechnung mit dem Funktionsassistenten kennengelernt:

- Vorbereitung der Berechnung durch die Eingabe der Werte,
- Formel mit dem Funktionsassistenten einmal erstellen und
- ggf. mehrfach kopieren, wobei entsprechende Werte absolut zu setzen sind.

Da wir +, -, *, / oder % per Tastatur eintragen können, ist der Funktionsassistent in der Praxis nur bei schwierigen Formeln sinnvoll.

Notizen: ....

....

....

....

....

8. Rechnung, Kommentar, Datum

Nun folgen einige weitere Beispiele aus der Praxis, um die Möglichkeiten der Berechnungen aufzuzeigen. Zunächst eine Rechnung, in der die Mehrwertsteuer ausgewiesen werden soll.

> Beginnen Sie eine **neue Mappe** und **speichern** Sie diese gleich am Anfang als **Rechnung** in unseren Übungsordner.

8.1 Die Zahlenformate

> Füllen Sie die Rechnung folgendermaßen aus. Beginnen Sie mit **Rechnung im Feld B3**:

Für den Preis brauchen wir folgenden Eintrag: **0,66 €**. Das können wir im Excel einstellen.

	A	B	C	D
1				
2				
3		**RECHNUNG**		
4		Nr.	Bezeichnung	Einzelpreis
5		2001	Bleistifte	0,66
6		2002	Radierer	1,89
7		2003	Set Filzstifte	9,99
8		2004	Kugelschreiber	0,99
9		2005	Stempelkissen	4,5
10		2006	Füllhalter	14.80
11		2007	Patronen für Füllhalter	2,99
12				

Zuerst die Zeile größer einstellen, dann hier Doppelklicken, um die Zeilenhöhe automatisch für zwei Zeilen anzupassen.

> **Markieren** Sie alle Zellen, in die €-Werte eingetragen werden.

> Drücken Sie das Symbol für **Währungsangaben** (=€):

Wichtige Zahlenformate gibt es als Symbole:

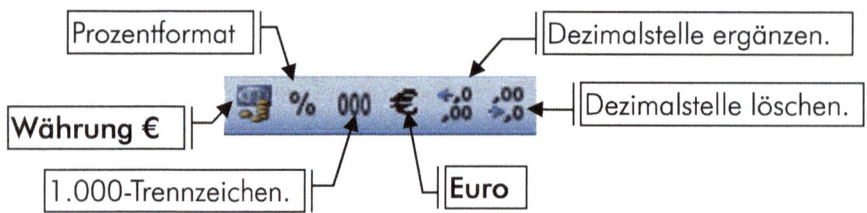

Währungsformat und Euro ist gleich. Hinweis: hier wird nur das Währungssymbol ergänzt. Wie zwischen Währungen umgerechnet werden kann, finden Sie auf Seite 122 beschrieben.

Ist ein Währungsformat zugewiesen, können Sie andere Währungssymbole ganz einfach über den Menübefehl **Format-Zellen** auf der ersten Karteikarte Zahlen einstellen (anderes Symbol wählen).

> **Füllen** Sie weiter aus und formatieren Sie:

	B	C	D	E	F
3		**RECHNUNG**			
4	Nr.	Bezeichnung	Einzelpreis	Stückzahl	Mengenpreis
5	2001	Bleistifte	0,66 €	100	66,00 €
6	2002	Radierer	1,89 €	10	18,90 €
7	2003	Set Filzstifte	9,99 €	8	79,92 €
8	2004	Kugelschreiber	0,99 €	400	396,00 €
9	2005	Stempelkissen	4,50 €	5	22,50 €
10	2006	Füllhalter	14,80 €	5	74,00 €
11	2007	Patronen für Füllhalter	2,99 €	200	598,00 €
12				Summe:	1.255,32 €

> Bei Mengenpreis die Formel **D5*E5** einfügen, **kopieren**,
> alle weiteren Zellen bei Mengenpreis markieren und **auf einmal einfügen**,
> abschließend die ganze Spalte Mengenpreis markieren und **Zahlenformat Euro** bestimmen.

Summe ergänzen:
> Die Zelle neben Summe markieren und Summensymbol anklicken.

Σ

8.2 Die Mehrwertsteuer

Ergänzen wir den abschließenden Block mit der Mehrwertsteuer und dem Versandanteil. Die Summe haben wir gerade berechnet:

	A	B	C	D	E	F
1						
2						
3			**RECHNUNG**			
4			Nr. Bezeichnung	Einzelpreis	Stückzahl	Mengenpreis
5			2001 Bleistifte	0,66 €	100	66,00 €
6			2002 Radierer	1,89 €	10	18,90 €
7			2003 Set Filzstifte	9,99 €	8	79,92 €
8			2004 Kugelschreiber	0,99 €	400	396,00 €
9			2005 Stempelkissen	4,50 €	5	22,50 €
10			2006 Füllhalter	14,80 €	5	74,00 €
11			2007 Patronen für Füllhalter	2,99 €	200	598,00 €
12					Summe:	1.255,32 €
13					zzgl. MwSt.:	200,85 €
14					Versand:	10,00 €
15					**Endbetrag:**	**1.466,17 €**
16						

> Entweder mit „zeigen": = schreiben, dann Summe, MwSt und Versandanteil anklicken, dazwischen + drücken oder das Summensymbol, dann den gewünschten Bereich angeben.

- **Prozente** können wir auf diese zwei Arten berechnen:
    - Entweder mit dem %-Zeichen. Dann so eintragen: **=F12*16%**
    - oder die komplette Berechnung: **=F12/100*16** (Hinweis: damals bei Erstellung dieses Buches noch 16 % MwSt.).

Beachten Sie, dass wir ein Gleichheitszeichen an den Anfang stellen, damit Excel die Zahlen als Formel erkennt. Ohne „=" zeigt Excel die Formel an, rechnet aber nicht.

- Tragen Sie eine der beiden Formeln für die **Mehrwertsteuer** ein.
- **Versandanteil** eintragen, dann den **Endbetrag als Summe** berechnen lassen:
    - Zellen von Summe bis Endbetrag markieren und **Summensymbol** drücken.
    - **Oder** die Zelle neben Endbetrag mit Doppelklicken öffnen, dann = schreiben, Summe anklicken + schreiben MwSt. Anklicken + schreiben und Versand anklicken und mit Return abschließen.
- Zeilen wie abgebildet **formatieren**.

8.3 Ein Kommentar

Berechnungen können mit **Kommentaren** (bis Excel 7: Notizen) versehen werden. Das hilft Ihnen, zu einem späteren Zeitpunkt die Formeln zu verstehen, und anderen, sich schneller in die Berechnung einzuarbeiten.

Außerdem können Sie damit **Informationen** festhalten, die Sie öfter benötigen, etwa die Höhe des Versandanteils.

> Das Feld mit **10,00 € Versandanteil** anklicken und

> **Einfügen-Kommentar** wählen.

  ↳ Natürlich lässt sich diese Funktion auch mit der **rechten Maustaste-Kommentar einfügen** starten.

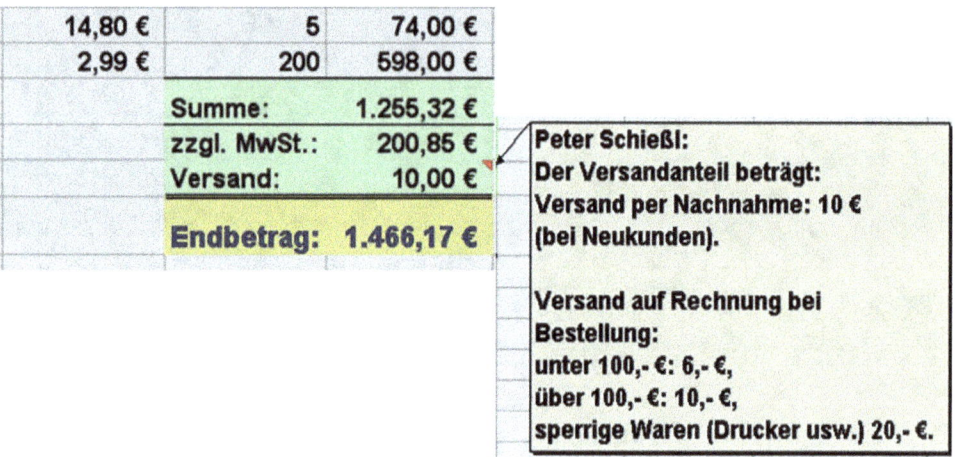

Kommentar eintragen:

♦ Tragen Sie in dem erscheinenden Textfenster den obigen Text ein.

  ↳ Sie können den Rahmen an den **Anfasserpunkten** mit gedrückter Maus vergrößern oder verkleinern.

> Zum Abschluss eine **andere Zelle anklicken**. Der Kommentar wird mit der Excel-Tabelle gespeichert.

Kommentare werden durch kleine Dreiecke angedeutet:

♦ Wenn Sie nun die Maus langsam über das Feld mit dem Kommentar bewegen, wird der **Kommentar eingeblendet**.

Sie können übrigens auch Texte aus anderen Programmen in ein Excel-Kommentarfeld einfügen. Einfach den Text markieren, kopieren, zu Excel wechseln und den Cursor in den Kommentar setzen, dann Einfügen wählen.

8.3.1 Kommentare ändern

Kommentare können Sie so ändern:

- entweder die Zelle mit dem Kommentar anklicken und **Einfügen-Kommentar bearbeiten** wählen, da ein Kommentar bereits vorhanden ist,
- oder **rechte Maustaste** über der Zelle mit dem Kommentar, dann **Kommentar bearbeiten**:

Der Kommentar wird wieder geöffnet und Sie können:

- den Text **korrigieren** oder mit der
- **[Entf]-Taste** den Kommentar vollständig **löschen**, sofern der Kommentar-Rahmen markiert ist oder
- den ganzen **Text markieren**, Ausschneiden (**[Strg]-X**) und bei einer anderen Zelle mit **Einfügen-Kommentar** und **[Strg]-V** einfügen.

Mit letzterem haben Sie den Kommentar an eine andere Stelle **verschoben**.

8.4 Das aktuelle Datum einfügen

Ergänzen wir das Rechnungsdatum. Das ist auf mehreren Wegen möglich.

Unveränderbares Datum einfügen:

- das **Datum hinschreiben**: z.B. 30.11.96. Vorteil: dieser Wert bleibt unverändert erhalten.
- Das geht schneller mit der Tastaturabkürzung **[Strg]-[.]**.
- Mit **[Strg]-[Umschalt]-[.]** wird die **aktuelle Uhrzeit** eingefügt.

[Strg]-[.]

Datum, das automatisch aktualisiert wird, einfügen:

- **Formel-Editor öffnen (fx-Symbol)-Datum&Zeit-Heute**.

- Ergänzen Sie unterhalb des Betrages:

  | Rechnungsdatum: | 18.09.2002 | Mit [Strg]-[.]

Wenn Sie die Funktion »**Heute**« verwenden, wird das Datum automatisch aktualisiert. Bei Rechnungen Ausdruck aufheben, um das Rechnungsdatum festzuhalten, oder **[Strg]-[.]** verwenden.

8.4.1 Berechnungen mit Datum

Wir geben dem Kunden **2% Skonto**, sofern innerhalb von 14 Tagen bezahlt wird. Und damit der Kunde den letzten Zahltermin nicht ausrechnen muss, werden wir dies Excel erledigen lassen.

Für das **Datum und die Uhrzeit** gibt es zahlreiche Formeln. Die einfachste Methode ist folgende:

> Tragen Sie die **Formeln** wie abgebildet ein.

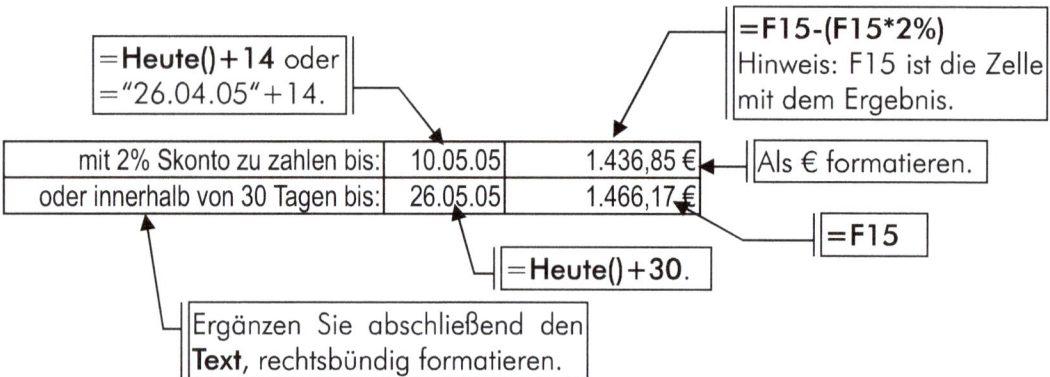

Berechnungen mit Datum gehen nur, wenn

- **Datumswerte in Anführungszeichen** stehen und wenn bei den
- Zellen **Datumsformat** eingestellt ist:
  - ✎ **rechte Maustaste** über der Zelle-**Zellen formatieren**-bei **Kategorie** ein Datumsformat wählen.

	A	B	C	D	E	F
1						
2						
3			RECHNUNG			
4			Nr.	Bezeichnung	Einzelpreis	Stückzahl	Mengenpreis
5			2001	Bleistifte	0,66 €	100	66,00 €
6			2002	Radierer	1,89 €	10	18,90 €
7			2003	Set Filzstifte	9,99 €	8	79,92 €
8			2004	Kugelschreiber	0,99 €	400	396,00 €
9			2005	Stempelkissen	4,50 €	5	22,50 €
10			2006	Füllhalter	14,80 €	5	74,00 €
11			2007	Patronen für Füllhalter	2,99 €	200	598,00 €
12					Summe:	1.255,32 €
13					zzgl. MwSt.:	200,85 €
14					Versand:	10,00 €
15					Endbetrag:	1.466,17 €
16						
17				Rechnungsdatum:	26.04.2005	
18				mit 2% Skonto zu zahlen bis:	10.05.2005	1.436,85 €
19				oder innerhalb von 30 Tagen bis:	26.05.2005	1.466,17 €

8.5 Rechnung rationalisieren

Natürlich haben Sie öfter solche Rechnungen zu schreiben und wollen nicht jedes Mal die Bezeichnungen, Artikelnummern und Preise eintragen. Das ist ein Anwendungsfall für MS Access oder ein anderes Datenbankprogramm. Ein einfacher Notbehelf für Excel:

- **Kopieren** Sie die Rechnung inklusive aller Artikel mit Nummern, Preisen und Formeln (also die ganze Zeile) auf ein neues Tabellenblatt.
- Wird später ein Artikel ergänzt, diesen ebenfalls auf dieses Tabellenblatt kopieren.
- Benennen Sie dieses Blatt um zu **Artikel**.

Dieses Blatt ist unsere Datensammlung. Bei einer neuen Rechnung so vorgehen:

- Diese **komplette Rechnung** auf ein anderes Blatt kopieren, damit alle formatierten Texte übernommen sind.
- Nicht bestellte **Artikel** löschen, Datum aktualisieren.
- **Stückzahlen** anpassen, fertig ist die neue Rechnung.

Probieren Sie es anhand folgender Übung:

- Zuerst Rechnung auf ein neues Blatt **kopieren**,
- dann **Zeilen löschen**: links auf der Zeilennummer die rechte Maustaste-Zellen löschen.

Wenn die ganze Zeile auf diese Art markiert ist, rücken die folgenden Zeilen nach, so dass keine Lücke entsteht.

- **Stückzahlen** ändern und einen
- Artikel **Pausenbrot** ergänzen,
- dann diesen Artikel auf das Blatt Artikel kopieren.

Wie im Access professionelle Rechnungen mit beliebig vielen Artikeln und Kundenadressen erstellt werden können, ist in unseren Bänden zu Microsoft **Access** dargestellt.

In Excel ist auch eine **Datenübernahme** möglich, um Artikel in einer externen Datenbank zu speichern oder aus einer Datenbank einzufügen. Dafür sind umfangreiche Kenntnisse der Programmiersprache MS Visual Basic erforderlich.

Notizen ....
....
....
....

8.6 Rechnung in Word übernehmen

Möglicherweise haben Sie in MS Word oder in einem anderen Textverarbeitungsprogramm bereits Ihren Briefkopf eingerichtet und möchten damit die Rechnung drucken.

Die beste Methode mit Kopieren:

- ➢ **Markieren** Sie, was Sie von der Rechnung in Word übernehmen wollen.
- ➢ **Kopieren** drücken oder [Strg]-C,
- ➢ **Word starten**, Ihre Briefvorlage aufrufen, Cursor an die gewünschte Einfügeposition setzen und die Rechnung **einfügen** ([Strg]-V).
- ➢ Auf diesem Wege über die **Windows-Zwischenablage** können die Daten in jedes andere Programm übernommen werden.

Über MS Word:

- ♦ Wie Sie eine Briefvorlage in MS Word erstellen können, lernen Sie im ersten Band zu MS Word.
- ♦ Wie Sie einfache Berechnungen in Word durchführen können, ist im dritten Buch zu MS Word nachzulesen.

Import- und Exportfilter:

- ♦ Mit **Datei-Speichern unter** können Excel-Dateien in andere Dateiformate exportiert werden, indem Sie bei Dateityp ein anderes Format wählen.
  - ✏ Nicht alle Import- und Exportfilter werden bei der Standardinstallation geladen.
  - ✏ Gegebenenfalls Setup neu starten und benötigte Konvertierungsfilter nachladen.
- ♦ Auch im Word können bei **Datei-Öffnen** viele andere Dateiformate gewählt werden. Bevor Sie lange suchen, auf „alle Dateien" umschalten und versuchen, die Excel-Datei direkt zu öffnen.
  - ✏ Beim Öffnen einer Excel-Arbeitsmappe kann das gewünschte Tabellenblatt gewählt werden.

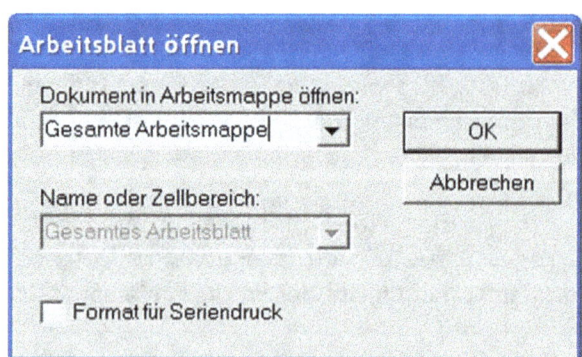

9. Eine Haushaltsplanung

Sie wollen Ihre Einnahmen und Ausgaben übersichtlich festhalten? Versuchen wir dies mit Excel. Diese Berechnung ist nur beispielhaft. Um daraus eine konkrete Anwendung zu machen, müssten Sie Ihren Steuersatz eintragen und mögliche Freibeträge oder andere Abzüge.

> Neue Mappe, als **Haushaltsplanung** speichern.

> Beginnen wir mit den **Einnahmen**, Ihrem Gehalt, von dem natürlich einige Abzüge zu berechnen sind.

> Tragen Sie ein und formatieren Sie:

	Gehaltsberechnung			*Die Formeln:*
Zeile:			**Januar**	
3	**Brutto**	Brutto Gehalt	3.000,00 €	=Zelle C3
4				
5	**Steuern**	Lohnsteuer 22%	660,00 €	=C3*22%
6		Solidaritätszuschlag 7,5 % von Lohnsteuer	49,50 €	=C5*7,5%
7		Kirchensteuer 8 % von Lohnsteuer	52,80 €	=C5*8%
8		Summe Steuern:	762,30 €	=C5+C6+C7
9				
10	**Versicherungen**	Krankenversicherung 14,9 %	447,00 €	=C3*13,5%
11		Rentenversicherung 19,5 %	585,00 €	=C3*19,2%
12		Pflegeversicherung 1,7 %	51,00 €	=C3*1,7%
13		Arbeitslosenversicherung 6,5 %	195,00 €	=C3*6,5%
14		Summe Versicherungen:	1.278,00 €	=C10+C11+C12+C13
15		Ihr Anteil: (1/2 Arbeitgeberanteil)	639,00 €	=C14/2
16				
17	**Sonstiges**	Sonstige Einnahmen		
18		Abzüge hiervon		
19				
20	**Netto**	Summe:	1.598,70 €	=C3-C8-C15+C17-C18

Zeilenwechsel erzwingen geht im Excel mit **[Alt]-[Return]**. Leider anders als im Word.

> Wählen Sie gelegentlich **Format-Spalte-optimale Breite**, wenn die Eintragungen nicht angezeigt werden, weil diese zu lang sind.

9.1 Automatisch Ausfüllen mit Reihe

Die nächsten **Monate** brauchen wir nicht einzeln in die folgenden Spalten einzutragen. Das übernimmt Excel für uns mit der Funktion **Ausfüllen**.

Reihe mit der Maus:

Bei angeklickten Zellen erscheint rechts unten eine kleine Markierung.
Die können Sie mit der Maus anfassen und nach unten oder rechts ziehen, wobei Excel **Zahlen** oder Wörter kopiert und bei formatierten Zellen, z.B. mit **Datums- oder Währungsformat**, automatisch weiterzählt.

> **Klicken Sie die Zelle Januar an** und ziehen Sie das Kästchen nach rechts bis „Dezember".

Das Dialogfenster Reihe:

Diese Funktion mit der Maus geht für Standardfälle wie das Datum oder eine fortlaufende Zeilennummer. Gezielt einstellen lässt sich die Funktion Ausfüllen in dem Dialogfenster, welches wir uns deshalb schon einmal anschauen.

- Wenn Sie das Menü verwenden, sind vorher die Zellen, die ausgefüllt werden sollen, inklusive der Zelle mit dem ersten Wert, zu **markieren**.

> Drücken Sie Rückgängig, um die Monate noch einmal mit dem Dialogfenster auszufüllen, dann die Zellen markieren und **Bearbeiten-Ausfüllen-Reihe** wählen:

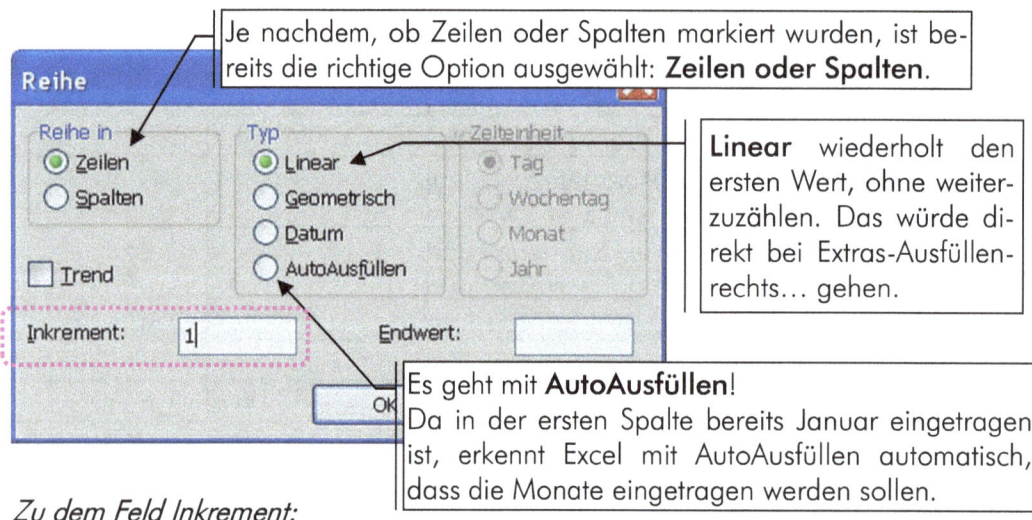

Je nachdem, ob Zeilen oder Spalten markiert wurden, ist bereits die richtige Option ausgewählt: **Zeilen oder Spalten**.

Linear wiederholt den ersten Wert, ohne weiterzuzählen. Das würde direkt bei Extras-Ausfüllen-rechts... gehen.

Es geht mit **AutoAusfüllen**!
Da in der ersten Spalte bereits Januar eingetragen ist, erkennt Excel mit AutoAusfüllen automatisch, dass die Monate eingetragen werden sollen.

Zu dem Feld Inkrement:

- **1** (genauer +1) heißt: weiter zählen: Januar, Februar … oder 1996, 1997… oder 22 €, 23 €…
- **0** würde mit dem unveränderten Anfangswert ausfüllen,
- **-1** zählt in die andere Richtung: Januar, Dezember, November… oder 1996, 1995, 1994…
- **2** zählt in 2'er-Schritten: Januar, März, Mai… oder 1996, 1998…; dementsprechend können Sie mit **10** in Zehner-Abständen weiter zählen oder andere beliebige Werte eintragen, z.B. 0,1.

> **Die Daten und Formeln nach rechts kopieren.**

Wir machen weiter. Das **Gehalt** ist in jedem Monat gleich, ebenso sollen die **Formeln** in alle weiteren Monatsspalten kopiert werden.

Auch hierbei lassen wir uns von der Ausfüllen-Funktion die Arbeit abnehmen.

- ➢ 3000 und die rechts stehenden Zellen markieren, dann Bearbeiten-Ausfüllen-Rechts wählen, da hier nicht weiter gezählt werden soll.
- ➢ Alle darunter stehenden Zellen der Januar-Spalte **markieren**.
- ➢ Da diesmal die gleichen Werte eingesetzt werden sollen, reicht es, vom Kästchen aus nach rechts zu ziehen.   1.598,70 €

Die Funktion **Bearbeiten-Ausfüllen**, diesmal mit der **Option rechts**, bringt das gleiche Ergebnis, wenn vorher alle Zellen markiert wurden, die ausgefüllt werden sollen.

- ♦ Weil alle **rechts stehenden Zellen** mit dem gleichen Wert (oder der gleichen Formel) ausgefüllt werden sollen,
  - ↪ brauchen wir **keine Reihe** (=fortlaufende Werte).
  - ↪ Bei den **Formeln** werden die Bezüge automatisch aktualisiert, statt Spalte C wird Spalte D usw. eingetragen.

Die Werte anpassen, z.B. weil durch Überstunden in manchen Monaten mehr verdient wurde:

Gehaltsberechnung

		Januar	Februar	März
Brutto	Brutto Gehalt	3.000,00 €	3.200,00 €	3.100,00 €
Steuern	Lohnsteuer 22%	660,00 €	704,00 €	682,00 €
	Solidaritätszuschlag 7,5%	49,50 €	52,80 €	51,15 €
	Kirchensteuer 8%	52,80 €	56,32 €	54,56 €
	Summe Steuern:	762,30 €	813,12 €	787,71 €
Versicherungen	Krankenversicherung 14,9%	447,00 €	447,00 €	447,00 €
	Rentenversicherung 19,5 %	585,00 €	585,00 €	585,00 €
	Pflegeversicherung 1,7 %	51,00 €	51,00 €	51,00 €
	Arbeitslosenversicherung 6,5 %	195,00 €	195,00 €	195,00 €
	Summe Versicherungen:	1.278,00 €	1.278,00 €	1.278,00 €
	Ihr Anteil:	639,00 €	639,00 €	639,00 €
Sonstiges	Sonstige Einnahmen			
	Abzüge hiervon			
Netto	Summe:	1.598,70 €	1.747,88 €	1.673,29 €

9.2 Mit Kommentaren dokumentieren

Wir ergänzen einige sonstige Einnahmen, gedacht für alle außerplanmäßigen Geldquellen:

> Tragen Sie bei **sonstigen Einnahmen** im Februar **90** und im März **100** ein, dann als Währung € formatieren.

Sonstiges	Sonstige Einnahmen		90,00 €	100,00 €
	Abzüge hiervon			
Netto	Summe:	1.598,70 €	1.747,88 €	1.673,29 €

> Registrieren Sie, wie sich die berechneten Einnahmen autom**atisch ändern**.

> Ergänzen Sie in der **Netto-Summe:** =C3-C8-C15+**C17-C18**, danach diese neue Formel nach rechts kopieren

Für solche seltenen Ereignisse kann nicht jedes Mal eine neue Zeile eingefügt werden. Damit wir trotzdem erkennen können, worum es sich jeweils handelt, dokumentieren wir dies mit einem **Kommentar**:

> Zelle **90,00 €** anklicken, dann mit **Einfügen-Kommentar** (Kap. 8.3) folgenden Text hinzufügen: **Flohmarkt am 26.2.05**.

Beachten Sie:

- ob ein Kommentar vorhanden ist, wird durch ein kleines ◥ in der Zelle oben rechts angezeigt.

- Der Kommentar selbst wird eingeblendet, sobald Sie die Maus über diese Zelle bewegen.

So könnte das Konzept aussehen:

Einnahmen Flohmarkt am 26.2	Oma zum Geburtstag
90,00 €	100,00 €

- Mit **Kommentaren** können Sie sofort erkennen, worum es sich handelt.
- Für öfter vorkommende Posten können **neue Zeilen** ergänzt werden.

Notizen: ....

....

....

9.3 Übersicht ergänzen

> **Ergänzen** Sie rechts neben den letzten Monat Dezember eine **Übersicht** für das gesamte Jahr:

	M	N	O	P
1				
2	**November**	**Dezember**	**Summe**	**Übersicht:**
3	3.000,00 €	3.000,00 €	36.300,00 €	
4				
5	660,00 €	660,00 €	7.986,00 €	**Summe Steuern:**
6	49,50 €	49,50 €	598,95 €	18.447,66 €
7	52,80 €	52,80 €	638,88 €	
8	762,30 €	762,30 €	9.223,83 €	
9				
10	447,00 €	447,00 €	5.364,00 €	**Summe Versicherung:**
11	585,00 €	585,00 €	7.020,00 €	38.340,00 €
12	51,00 €	51,00 €	612,00 €	
13	195,00 €	195,00 €	2.340,00 €	
14	1.278,00 €	1.278,00 €	15.336,00 €	**Summe Ausgaben:**
15	639,00 €	639,00 €	7.668,00 €	56.787,66 €
16				
17			190,00 €	**Summe Einnahmen:**
18			0,00 €	36.490,00 €
19				
20	1.598,70 €	1.598,70 €	19.598,17 €	
21				

Die Formeln sind sehr einfach:

> In **O3** einfach das Summensymbol drücken. Diese Summe in die folgenden Zellen kopieren.

> Bei den **Gesamtsummen** die Werte durch zeigen mit der Maus angeben, z.B. bei der Summe Steuern: =O5+O6+O7+O8

Falls Sie diese Auswertung über mehrere Jahre vornehmen, könnten Sie die Jahresübersichten auf ein separates Tabellenblatt kopieren. Vor dem Kopieren sollten natürlich noch die Jahreszahlen in den Überschriften ergänzt werden.

Beim Kopieren innerhalb einer Mappe wird ein Verweis auf das Tabellenblatt ergänzt, so dass die Werte der einzelnen Datentabellen jederzeit geändert werden können und sich die Gesamtsummen, auch auf anderen Blättern, aktualisieren.

Notizen: ....
....
....

9.4 Die Ausgaben

Bei den Ausgaben empfiehlt es sich wieder, **mehrere kleinere, dafür überschaubare Bereiche** einzurichten, z.B. für Wohnungsfinanzierung oder für regelmäßige Ausgaben zum Lebensunterhalt, die durch **Zwischensummen** abgeschlossen werden. Dadurch sind Fehler leichter erkennbar.

➢ Erstellen und formatieren Sie folgende Tabelle auf **Blatt 2**:

Ausgaben 2005				
			Januar	Februar
	Wohnen	Miete		
		Nebenkosten		
		Strom		
		Summe Wohnen:		
	Haushalt	Essen		
		Getränke		
		Kleidung		
		Putzmittel		
		Haushaltsgeräte		
		Summe Haushalt:		
	Versicherungen	Privathaftpflicht		
		Lebensversicherung		
		Hausratversicherung		
		Summe Versicherungen:		
	Auto	Versicherung		
		Kfz-Steuer		
		Wartung		
		Benzin		
		Summe Auto:		
	Anschaffungen	HiFi	1.299,00 €	
		Video		
		Werkzeug		
		Sonstiges		
		Summe Anschaffungen:		
	E n d b e t r a g :			

> **Zwischensummen** helfen, überlange Formeln zu vermeiden und liefern überschaubare, leicht zu kontrollierende Zwischenergebnisse.

> **Kommentar:** HiFi-Mini-Anlage, gekauft bei Elektro-Markt.

➢ Tragen Sie **Werte** und bei den **Zwischensummen** die passenden Formeln ein, so dass bei **Endbetrag** nur noch die Zwischensummen addiert werden müssen (durch Zeigen angeben).

➢ **Benennen** Sie die Blätter passend um: rechte Maustaste unten auf Tabelle 1, dann Umbenennen zu **Einnahmen (Tabelle 1)** und **Ausgaben (Tabelle 2)**.

3. Teil

Mit Zinsen rechnen

10. Kredit berechnen

Zunächst werden wir die Rückzahlung für den Kredit selbst ausrechnen, um das Prinzip der Rechnung darzustellen. Am Ende werden wir die Funktion RMS verwenden, die Excel für regelmäßige Zahlungen bereithält.

> Beginnen Sie eine **neue Mappe** und

> tragen Sie **folgende Werte** ein:

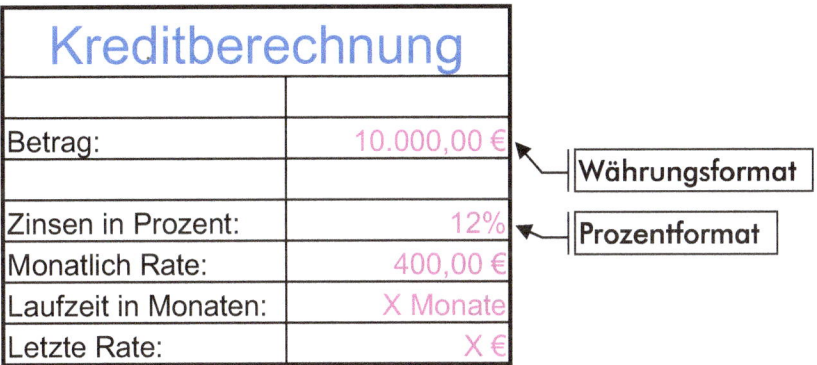

10.1 Das Prinzip der Rechnung

Aber woher haben wir die Werte?

Wir werden – eine gute Übung für das automatische Ausfüllen – zunächst selbst die zu zahlenden Raten berechnen.

- Fest steht:
  - der **Betrag** von 10.000,- €,
  - der **Zinssatz** von 12% und
  - die gewünschte **Rückzahlungsrate** von 400,- € monatlich.

- Aus diesen Werten soll die **Laufzeit** ermittelt werden,
  - wobei jeden Monat die **Schuld** etwas geringer wird,
  - die zu zahlenden **Zinsen** damit auch,
  - so dass der **Rückzahlungsanteil** ständig zunimmt.

10.2 Die Berechnung

➤ Ergänzen Sie ein **zweites Blatt** und tragen Sie die Überschriften ein:

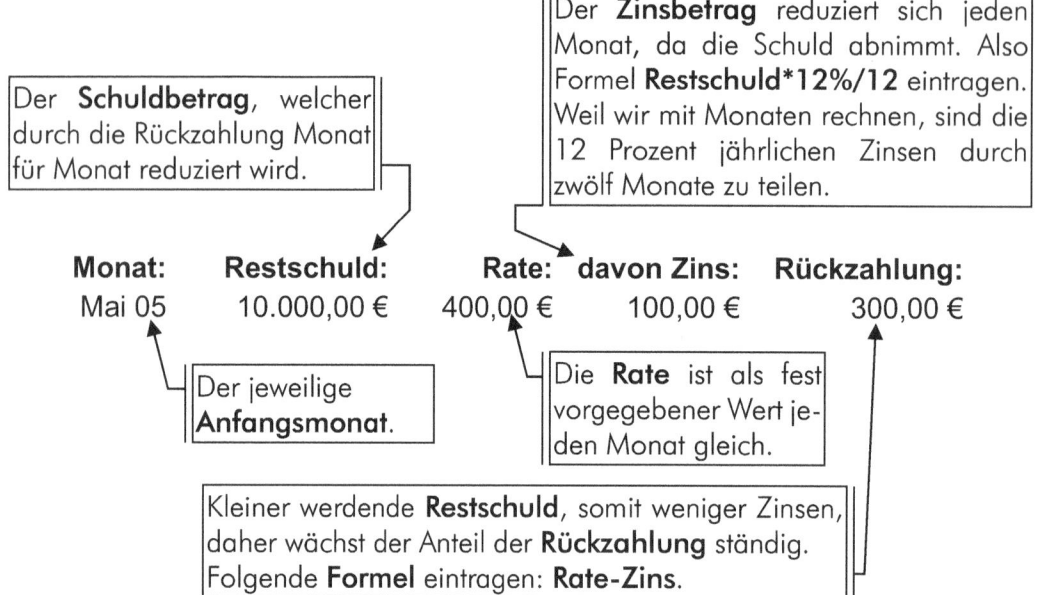

Alle Formeln am einfachsten nach „=" durch Zeigen angeben.

10.3 Die zweite Zeile

ist äußerst wichtig:

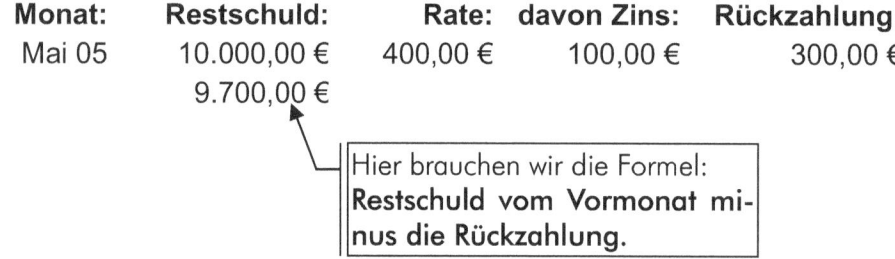

Auch hier bewährt sich die Eingabe durch Zeigen:

- Zelle bei 9.700 durch Doppelklicken öffnen, = schreiben, dann Restschuld 10.000 € anklicken, minus schreiben und die Rückzahlung anklicken.
  - Dadurch werden anstelle der Werte die Koordinaten eingetragen, so dass wir die Formeln relativ kopieren können.

Beim Kopieren soll der Monat weitergezählt, **die Rate allerdings jeden Monat gleichbleiben** und die Restschuld gemäß der Formel relativ berechnet werden. Darum werden wir die Zellen einzeln nach unten erweitern, damit die jeweils passende Option gewählt werden kann.

10.4 Ausfüllen

Wir wollen die restlichen Zeilen möglichst automatisch ergänzen. Jetzt ist zu bedenken, dass alle Spalten relativ weitergeführt werden sollen, nur der Wert bei **Rate** bleibt unverändert.

> Die **Rate** anklicken und mit der Maus nach unten ziehen.
>> Wenn nur die Spalte Rate nach unten erweitert wird, bleibt der Wert unverändert.

Die restlichen Spalten:

Bei **Restschuld** sind wir durch die Formel eine Zeile tiefer.

> **Monate und Restschuld** einzeln nach unten ziehen,
> dann **Zins und Rückzahlung** zusammen.
>> Natürlich würde es auch mit der Option **AutoAusfüllen** bei **Bearbeiten-Ausfüllen-Reihe** gehen.

Jetzt werden die Zeilen wie gewünscht ausgefüllt:

Formel Restschuld minus Rückzahlung.

Formel Restschuld * Zinssatz / 12 Monate.

Die Rate ist fest.

Formel Rate minus Zins.

Monat:	Restschuld:	Rate:	davon Zins:	Rückzahlung:
Mai 05	10.000,00 €	400,00 €	100,00 €	300,00 €
Jun 05	9.700,00 €	400,00 €	97,00 €	303,00 €
Jul 05	9.397,00 €	400,00 €	93,97 €	306,03 €
Aug 05	9.090,97 €	400,00 €	90,91 €	309,09 €
Sep 05	8.781,88 €	400,00 €	87,82 €	312,18 €
Okt 05	8.469,70 €	400,00 €	84,70 €	315,30 €
Nov 05	8.154,40 €	400,00 €	81,54 €	318,46 €
Dez 05	7.835,94 €	400,00 €	78,36 €	321,64 €
Jan 06	7.514,30 €	400,00 €	75,14 €	324,86 €
Feb 06	7.189,44 €	400,00 €	71,89 €	328,11 €
Mrz 06	6.861,34 €	400,00 €	68,61 €	331,39 €
Apr 06	6.529,95 €	400,00 €	65,30 €	334,70 €
Mai 06	6.195,25 €	400,00 €	61,95 €	338,05 €
Jun 06	5.857,20 €	400,00 €	58,57 €	341,43 €
Jul 06	5.515,77 €	400,00 €	55,16 €	344,84 €
Aug 06	5.170,93 €	400,00 €	51,71 €	348,29 €
Sep 06	4.822,64 €	400,00 €	48,23 €	351,77 €
Okt 06	4.470,87 €	400,00 €	44,71 €	355,29 €
Nov 06	4.115,58 €	400,00 €	41,16 €	358,84 €
Dez 06	3.756,73 €	400,00 €	37,57 €	362,43 €
Jan 07	3.394,30 €	400,00 €	33,94 €	366,06 €

Ergänzen Sie weitere Zeilen, bis ein negativer Restschuldbetrag erscheint:

- ➢ Das **Datum** weiter ausfüllen mit **Reihe**.
- ➢ Die **anderen Spalten** markieren und **nach unten ausfüllen**.

Der Schuldbetrag wird immer geringer, der Anteil der Rückzahlung darum von Monat zu Monat größer, das Ende ist bei **Umkehrung** zu negativen Schuldwerten erreicht. Im letzten Monat ist nicht mehr die volle Rate zu entrichten.

Jan 07	3.394,30 €	400,00 €	33,94 €	366,06 €
Feb 07	3.028,24 €	400,00 €	30,28 €	369,72 €
Mrz 07	2.658,52 €	400,00 €	26,59 €	373,41 €
Apr 07	2.285,11 €	400,00 €	22,85 €	377,15 €
Mai 07	1.907,96 €	400,00 €	19,08 €	380,92 €
Jun 07	1.527,04 €	400,00 €	15,27 €	384,73 €
Jul 07	1.142,31 €	400,00 €	11,42 €	388,58 €
Aug 07	753,73 €	400,00 €	7,54 €	392,46 €
Sep 07	361,27 €	400,00 €	3,61 €	396,39 €
Okt 07	-35,12 €	400,00 €	-0,35 €	400,35 €
Nov 07	-435,47 €	400,00 €	-4,35 €	404,35 €

In diesem Monat wandelt sich die Schuld zu einem Guthaben. Das soll nicht sein, so dass sich als **letzte Rate** ergibt:
361,27 € (Restschuld) + 3,61 € (Zinsen) = 364,88 €.

10.5 Zeilen zählen

Letzte Frage: **wie viele Monate** wurde nun zurückgezahlt?

- ➢ Zuerst die Monate mit negativer Rückzahlung **löschen**.

In diesem einfachen Fall könnten Sie die letzte Zeile anklicken, links die **Zeilennummer** ablesen und davon die eine Titelzeile abziehen, ergibt 29 Zeilen, also 29 Monate Rückzahlung.

Natürlich gibt es hierfür eine **Formel**, die manchmal recht praktisch ist. Lassen wir Excel zählen:

- ➢ Nächste Zeile nach Sep07 anklicken und **Einfügen-Funktion** oder auf das Symbol **fx** klicken.
  - ↳ Wählen Sie die **Formel Anzahl** aus. Diese finden Sie evtl. bei „zuletzt verwendet," sonst bei Alle oder in der Gruppe **Statistik**.
- ➢ **Markieren** Sie alle Zellen, die gezählt werden sollen, sobald Sie bei dem folgenden Fenster sind.

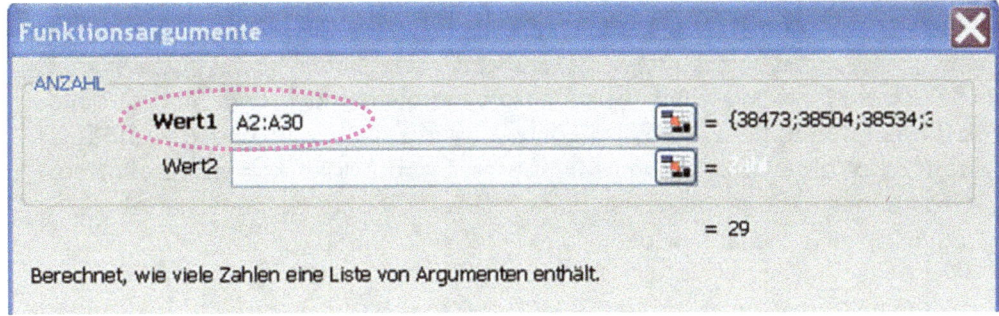

10.6 Problem Zahlenformat

Zum Markieren:

- ♦ Markieren geht entweder mit **gedrückter Maustaste** oder
- ♦ bei **gedrückter [Umschalt]-Taste** mit den Richtungstasten.

> Mit **OK oder Return** wird die Anzahl eingefügt, aber mit einem kleinen Problem

Aug 07	753,73 €	400,00 €	7,54 €	392,46 €
Sep 07	361,27 €	400,00 €	3,61 €	396,39 €
29 Monate				

Sollte noch **Datumsformat** (Anzeige: Jan 00) eingestellt sein, anschließend **rechte Maustaste, Zellen formatieren** und als **Zahlenformat** Standard ohne Nachkommastellen wählen.

> Abschließend den Text „Monate" ergänzen und noch etwas schöner **formatieren**.
>> Auch Formeln können ausgeschnitten und an anderer Stelle eingefügt werden, am schnellsten mit [Strg]-X für das Ausschneiden und [Strg]-V zum Einfügen.

29	Aug 07	753,73 €	400,00 €	7,54 €	392,46 €
30	Sep 07	361,27 €	400,00 €	3,61 €	396,39 €
31					
32					
33		Anzahl der Monate:	29		
34		Letzte Rate:	364,88 €		

> Selbstverständlich eine Formel: **Letzte Rate + Zinsen**.
>> Die letzte Rate ist die letzte positive Rate (361,27 €)
>> zuzüglich der hierfür zu entrichtenden 3,61 € Zinsen.

> **Kopieren** Sie die Laufzeit in Monaten und die letzte Rate auf die **Übersicht** auf dem ersten Tabellenblatt.

10.7 Euro-Währungsrechner

Bei Excel XP war die Symbolleiste EuroValue gleich nach dem Start am Bildschirm sichtbar. Bei Excel 2003 können Sie diese über **Ansicht-Symbolleisten-EuroValue** einschalten. Mit dieser Symbolleiste können Sie diverse Währungen in Euro umrechnen und umgekehrt, wobei die amtlichen Umrechnungskurse verwendet werden.

Zur Funktionsweise:

> ➤ **Zuerst** ist die Zelle mit dem umzurechnenden Wert anzuklicken,
>
> ➤ dann kann rechts in der Symbolleiste die **gewünschte Umrechnungsart** ausgewählt werden.
>
> ➤ Der **umgerechnete Wert** wird in der Symbolleiste angezeigt.

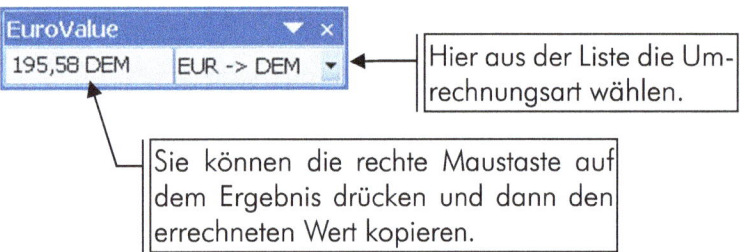

Nach der Euro-Umstellung ist diese Symbolleiste natürlich nicht mehr unbedingt erforderlich und kann ausgeblendet werden. Wie Sie richtige Umrechnungstabellen, die auch ausgedruckt werden könnten, für beliebige Währungen erstellen, ist in dem Kapitel 19.2 auf Seite 122 beschrieben.

10.8 Währungsumrechnung

Neben der obigen Symbolleiste gibt es noch dieses Symbol, um Währungen umzurechnen.

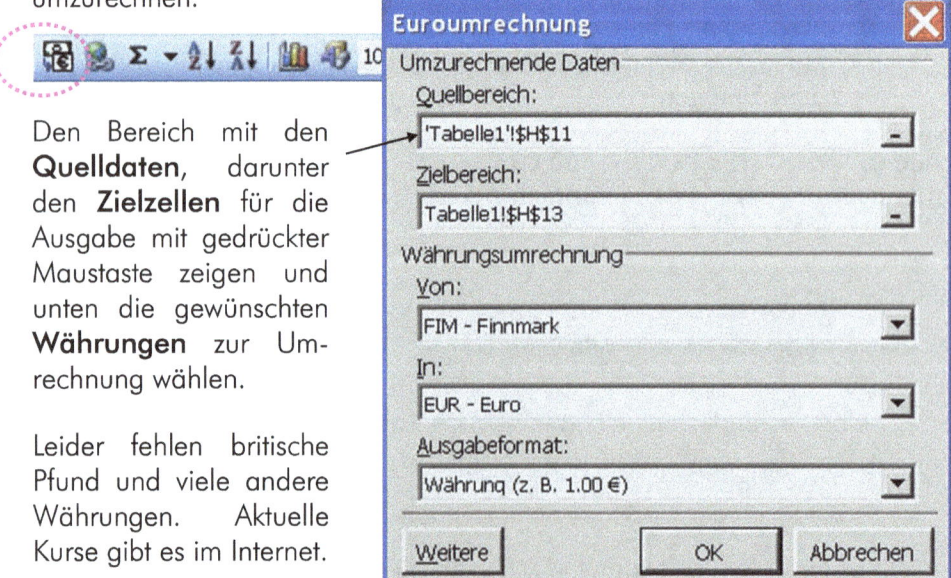

Den Bereich mit den **Quelldaten**, darunter den **Zielzellen** für die Ausgabe mit gedrückter Maustaste zeigen und unten die gewünschten **Währungen** zur Umrechnung wählen.

Leider fehlen britische Pfund und viele andere Währungen. Aktuelle Kurse gibt es im Internet.

11. Die Finanzformel RMZ

Diese Berechnung von Hand ist doch etwas aufwendig, besonders, was eine Änderung der Laufzeit betrifft. Gut zur Übung, um das Prinzip zu verstehen. Versuchen wir dasselbe mit der dafür vorgesehenen Excel-**Funktion RMZ** für **regelmäßige Zahlung**.

Mit der **Funktion RMZ** kann die monatliche Zahlung errechnet werden, sowohl für einen Kredit als auch beim Sparen. Der Unterschied liegt nur im Vorzeichen. Berücksichtigt wird Zins und Rückzahlung, bzw. Sparleistung.

- ➢ Damit die Übung in einer Arbeitsmappe bleibt, verwenden wir ein neu zu erstellendes, **drittes Tabellenblatt**.
- ➢ **Kopieren** Sie die Übersicht von Blatt 1 auf Blatt 3, damit wir nicht alles neu schreiben müssen.
- ➢ **Benennen** Sie die Blätter passend um, z.B. in Ergebnis 1, Rechnung 1 und RMZ.

So sollte Tabelle 3 vorläufig aussehen:

Kreditberechnung	
Betrag:	10.000,00 €
Zinsen in Prozent:	12%
Monatlich Rate:	400,00 €
Laufzeit in Monaten:	29
Letzte Rate:	364,88 €

Wenn Sie links oben beginnen (**10.000,00 € in der Zelle B3**), stimmen die Zellenbezeichnungen mit der folgenden Formel im Buch überein.

Jetzt werden wir in dieser Zelle mit der Formel die exakte **monatliche Rückzahlung** berechnen.

- ➢ Zelle anklicken, **Formelsymbol fx** drücken und aus
- ➢ den Kategorien „**Alle**" oder „**Finanzmathematik**" die **Formel RMZ** auswählen.

11.1 Das Eingabemenü

Nach OK können Sie die Werte für die Formel eintragen:

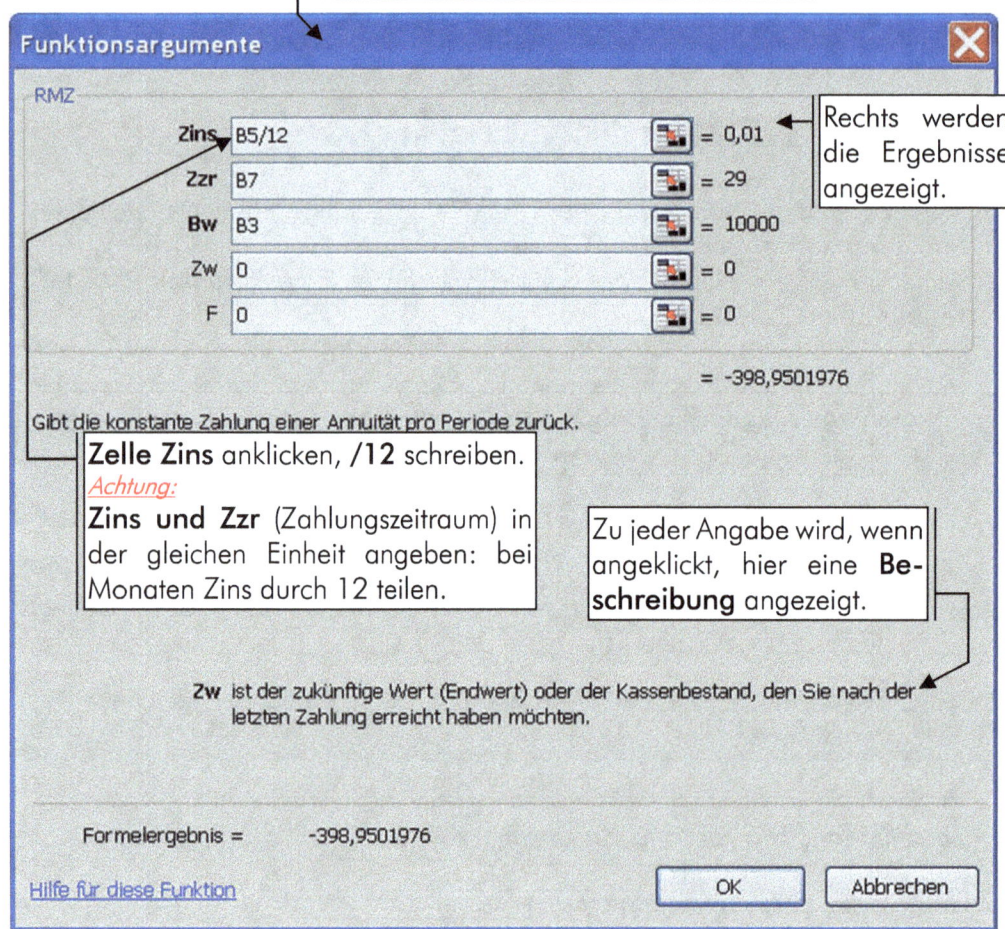

Verschieben Sie das Menü und tragen Sie die Formeln durch **Zeigen mit der Maus** ein.

11.2 Erläuterungen

- **Zins** ist der Zinssatz, bitte durch 12 teilen, weil wir den Zins pro Monat benötigen, da meist der
- **Zahlungszeitraum Zzr** in Monaten eingetragen wird.

Sie können natürlich auch den Zins pro Jahr eintragen und die Laufzeit ebenfalls in Jahren, aber Vorsicht: hier liegt die größte **Fehlerquelle**, wenn die Angaben nicht zueinander passen!

- Bei Bw (für Barwert) wird der **Anfangswert** eingetragen:
  - Bei einem Kredit die **Kreditsumme** oder
  - der **Anfangsbetrag** beim Sparen.
- **Zw** (Zukünftiger Wert) ist der angestrebte **Endwert**,

- bei einem **Kredit** meistens 0,
- bei einem **Sparvertrag** die gewünschte Sparsumme.
- Ist **kein Zw** eingetragen, gilt das als 0.

♦ **F** ist die **Fälligkeit**, siehe folgende Tabelle.
- Wenn Sie den Zahlungszeitraum und den Zins in einer anderen Einheit angeben, z.B. in **Jahren**,
- gilt die **Fälligkeit F** automatisch für diese Perioden, also z.B. mit 0 zum Jahresende.

F	Zahlung fällig:
0	Am Monatsende
1	Am Monatsanfang
kein Eintrag	wie 0

11.3 Die Funktion

Wenn Sie mit OK bestätigen, wird folgende Funktion eingetragen:

=RMZ(B5/12;B7;B3;0;0)

Der Ratenbetrag von **-398,95 €** wird errechnet.

♦ Eine kleine **Differenz** zu unserem Ergebnis, die daraus resultiert, da
- Excel nicht einen letzten Ausgleichsmonat einfügt,
- sondern einen vom ersten zum letzten Monat gleichbleibenden Wert errechnet, was ja eigentlich genauer ist und von Hand nur nicht möglich ist.

Falls Sie die Funktion direkt ändern wollen:

RMZ(Zins; Zzr; Bw; Zw; F) heißt:
Zins; Zahlungszeitraum; Barwert; zukünftiger Wert; Fälligkeit.
Beachten Sie wieder, **gleiche Zeiteinheiten** für Zins und Zzr zu verwenden, also meist die Zinsen für Monate durch zwölf teilen.

Tipp:

♦ **RMZ** liefert den monatlich zu zahlenden Betrag.

♦ **Zzr** (die Laufzeit in Monaten) gibt an, wie oft Sie diesen Betrag bezahlen oder ansparen müssen.

♦ Multiplizieren Sie beide Werte in einer weiteren Zelle und Sie erhalten den von Ihnen zu leistenden **Gesamtbetrag**.

Stellen Sie die Kreditberechnung mit der Formel RMZ fertig:

Kreditberechnung

Betrag:	10.000,00 €
Zinsen in Prozent:	12%
Laufzeit in Monaten:	29
Rate (am Monatsende):	398,95 €
Insgesamt zu zahlen:	-11.569,56 €

Jetzt können Sie beliebige Werte einsetzten:

> Ermitteln Sie die Werte für Kreditbeträge von 20.000 und 300.000 € sowie für einen Zinssatz von nur 6 Prozent oder eine doppelt so lange Laufzeit.

Mit RMZ können Sie folglich errechnen, welcher Betrag monatlich aufzubringen ist, um einen Kredit abzuzahlen.

11.4 Excel-Kreditvorlage

Auch bei den Excel-Vorlagen, die Sie mit dem Befehl Datei, dann Neu oder aus dem Aufgabenbereich erreichen, finden Sie eine Vorlage zur Kreditberechnung, allerdings selbst bei Excel 2003 immer noch mit DM.

Das könnte folgendermaßen behoben werden, wobei der Blattschutz aufgehoben werden muss, um die geschützten Zellen bearbeiten zu können.

> **Vorlage Kreditberechnung öffnen**, mit Datei-Speichern unter im Übungsordner speichern.

> Tragen Sie Beispielwerte ein und versuchen Sie, DM-Zellen in Euro zu ändern.

> **Extras-Blattschutz aufheben**, damit der Schutz entfernt wird und Sie können in der Tabelle die Werte anklicken und ändern und Sie sehen, welche Formeln verwendet wurden.

> DM-Zellen anklicken und Euro-Symbol wählen.

> Abschließend könnten Sie, wenn gewünscht, den **Blattschutz** wieder setzen (umgekehrt wie abschalten).

> Falls Sie ein Passwort vergeben, kann der Schutz nur mit diesem Passwort aufgehoben werden, also nicht vergessen!

Diese Vorlage ist auch eine interessante Alternative. Die Programmierung erfolgte mit Excel-Formeln und MS Visual Basic.

12. Ein Sparbrief

Ebenfalls mit RMZ gehen wir nun den umgekehrten Weg. Wir zahlen keine Schuld ab, sondern sparen an.

Beachten Sie jedoch, dass mit RMZ wieder nur der gewünschte Endbetrag vorgegeben und der zu leistende monatliche Einsatz ermittelt werden kann.

Es ist mit RMZ nicht möglich, zu ermitteln, welchen Endbetrag Sie mit einer bestimmten monatlichen Sparsumme über eine bestimmte Zeit erzielen würden. Dafür gibt es die Formel ZW, die anschließend vorgestellt wird.

12.1 Betrag ansparen

> Ein neues Blatt für diese Übung verwenden. Errechnen Sie, welche monatlicher **Sparleistung** bei dem aktuellen Zinssatz in drei Jahren gezahlt werden muss, um die Endsumme anzusparen:

Sparen mit RMZ	
Sparrate:	
Zinsen in Prozent:	5 %
Laufzeit in Jahren:	3
Endwert:	10.000 €

Errechnen Sie den erforderlichen Sparbetrag.

> Versuchen Sie, mit **RMZ** die monatliche Rate herauszubekommen.

Anmerkungen:

♦ Da wir sparen, gibt Excel einen negativen Wert aus.

Immer wenn Sie Beträge einzahlen, sind diese negativ.

♦ Die Zahlung soll am **Monatsanfang** erfolgen, damit es auf das Geld Zinsen gibt.

Zur Eingabe:

♦ **Zins**: den Zinssatz in Prozent durch 12 Monate teilen.

- **Zzr**: die Zelle mit dem Zahlungszeitraum anklicken und mal 12 Monate nehmen, da der Zeitraum in Jahren angegeben ist, wir aber den monatlich zu zahlenden Betrag errechnen wollen.
- **Bw**: der aktuelle Barwert ist 0, wenn Sie ein Anfangskapital einsetzen, z.B. eine anfängliche Einzahlung von 1.000 €, so ist diese Angabe wieder als negativer Wert einzutragen.
- **Zw** für den zukünftigen Endwert. Dort die Zelle mit dem Endwert von 10.000 € wählen.

Kleine Varianten:
> Führen Sie obige Berechnung durch, aber in einer weiteren Zeile mit dem **Anfangskapital von 500 €**.

12.2 Die Sparraten ermitteln

Jetzt soll der Endbetrag ermittelt werden, der mit einer bestimmten Sparsumme erreicht werden kann. Hierfür gibt es die Funktion Zw.

> Tragen Sie die gewünschten Werte auf einem **neuen Blatt** ein.

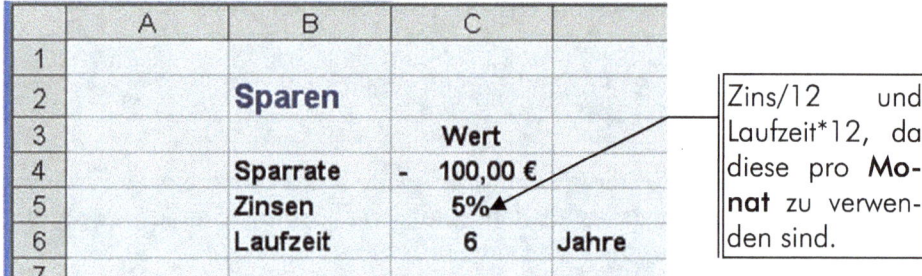

> In der nächsten Zeile können Sie dann mittels des Funktionsassistenten die **Funktion ZW** aufrufen.

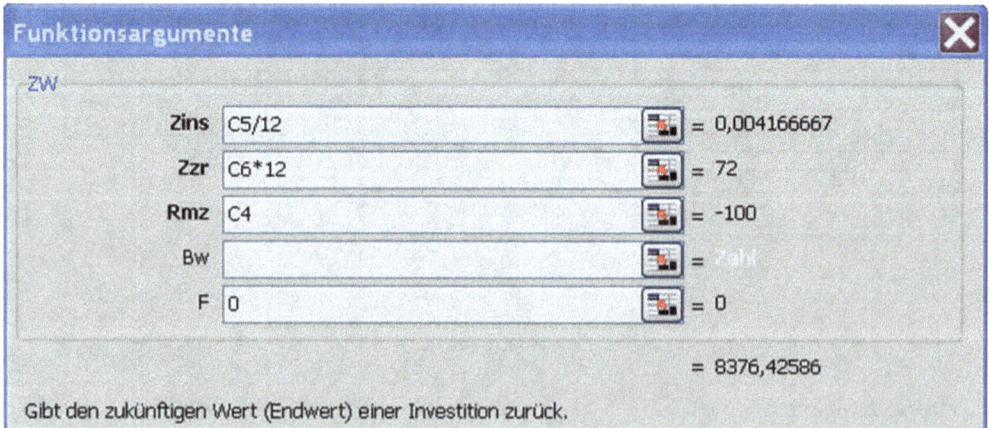

Da wir die Zellen anklicken, statt die Werte einzutragen, **können Sie die Werte ändern** und somit andere Bedingungen simulieren. Das ist auch zur Kontrolle gut. Wählen Sie zur Überprüfung der Formel eine Laufzeit von einem Jahr.

12.3 Sparen in Handarbeit

Bei Excel gibt es unzählige Formeln mit zahlreichen, meist nur notdürftig beschriebenen Eingabemöglichkeiten. Darum ist nicht nur zur Überprüfung, sondern vielleicht sogar generell die bessere Methode, die Sparentwicklung in Handarbeit zu berechnen.

Eine Tabelle könnte so eingerichtet werden:

Die Formel =F3+G3+$F$3. Der vorige Wert F3 plus die Zinsen plus den monatlich gleichen Sparbetrag von 100 €, der absolut gesetzt wird, damit beim Kopieren F3 nicht weitergezählt wird.

	A	B	C	D	E	F	G
1							
2		**Sparen**			Monat	Wert	Zins pro Monat
3			Wert	Pro Monat	1	100,00 €	0,42 €
4		Sparrate	-100	-100	2	200,42 €	0,84 €
5		Zinsen	5%	0,42%	3	301,25 €	1,26 €
6		Laufzeit	6	72	4	402,51 €	1,68 €
7					5	504,18 €	2,10 €
8		ZW		8.376,43 €	6	606,28 €	2,53 €
9					7	708,81 €	2,95 €
10					8	811,76 €	3,38 €
11					9	915,15 €	3,81 €
12					10	1.018,96 €	4,25 €
13					11	1.123,21 €	4,68 €
14					12	1.227,89 €	5,12 €
15					13	1.333,00 €	5,55 €
16					14	1.438,56 €	5,99 €
17					15	1.544,55 €	6,44 €
18					16	1.650,99 €	6,88 €
19					17	1.757,86 €	7,32 €
20					18	1.865,19 €	7,77 €
21					19	1.972,96 €	8,22 €
22					20	2.081,18 €	8,67 €

Wenn Sie die **Fälligkeit 0** wählen, stimmen beide Berechnungswege überein.

Alle drei Spalten können beliebig nach unten verlängert werden.

Für die fortlaufende Zeilennummerierung ist zuerst die Funktion Reihe anzuwenden, wenn alle drei Spalten einige Zeilen ausgefüllt sind, können diese zusammen nach unten mit der Maus verlängert werden.

Die Handberechnung ergibt 8.376.43 Euro, was der Formel ZW mit der Fälligkeit 0 entspricht, d.h. Zahlung der Zinsen am Monatsende. Zinsen am Monatsanfang wäre bei einem Kredit anzuwenden.

12.4 Weitere Formeln

Im Funktionsassistenten finden Sie unten „Hilfe für diese Funktion". Hiermit kommen Sie zu einem Hilfemenü, in dem die Formeln etwas beschrieben werden.

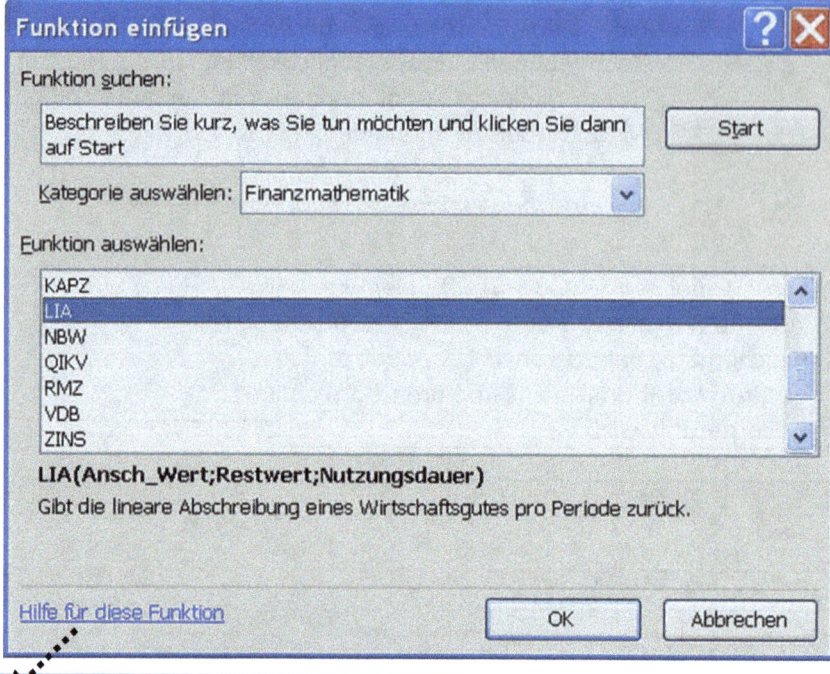

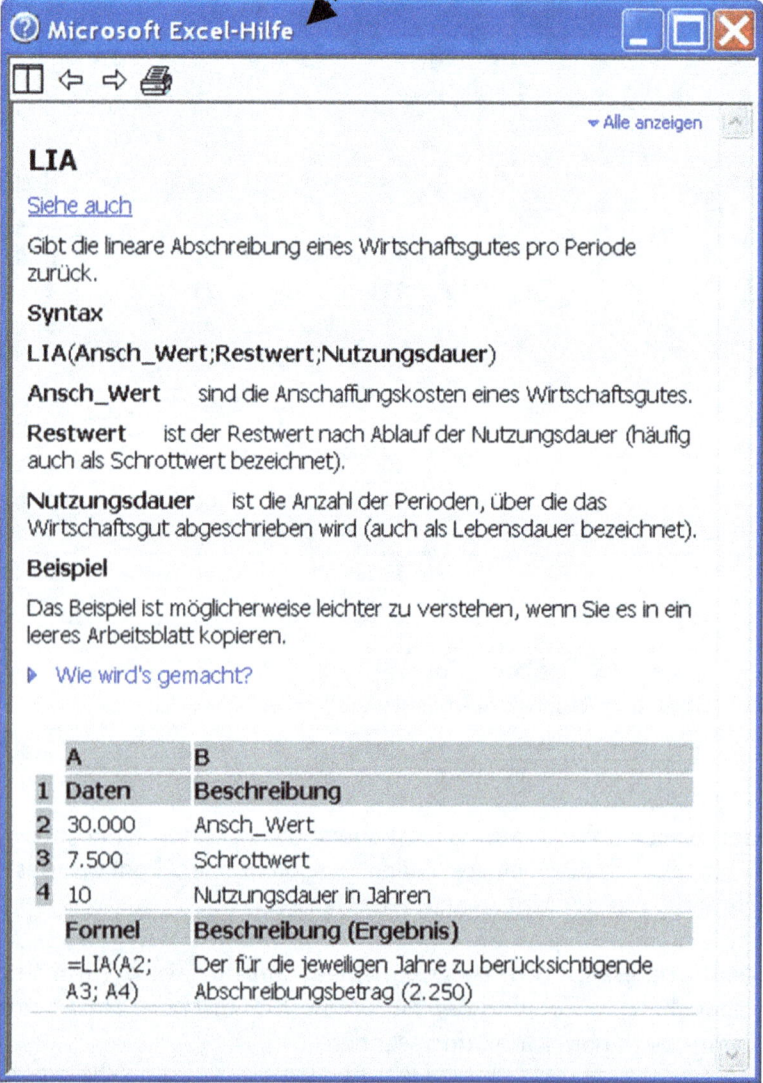

4. Teil

Erweiterte Formatierungen

13. Ausblenden, Zeichnen

13.1 Ausblenden

Zum Abschluss **formatieren** wir die Kredit- oder Zinsberechnung ansprechend mit einer kleinen Erweiterung. Die vielen Linien aller nicht benutzten Zellen stören das Gesamtbild. Versuchen Sie es folgendermaßen:

- Markieren Sie die auf dem Bildschirm **nicht benötigten Zeilen**,

- dann als **Hintergrundfarbe** mit dem **Farbeimer weiß** auswählen.
- Auch die **nicht benutzten Spalten** markieren und weiß formatieren.

Jetzt die Überschrift:

- Format-Zeile-Höhe: **28 pt Zeilenhöhe** für die Überschrift.
- Markieren, **rechte Maustaste** und **Zellen formatieren** wählen.
- Stellen Sie ein: **Schriftgröße auf 20 pt** erhöhen, vertikale Ausrichtung über beide Spalten, Textfarbe dunkelblau, Rahmen oben und unten.
- Bezeichnungen nun blau, Zahlen Magenta formatieren.
- **Hintergrund** für die Felder mit Werten hellgrün einstellen.
- **Ergänzen Sie die Leerzeilen**, um die Berechnung in übersichtliche Blöcke zu gliedern.

So in etwa sollte es werden:

Kreditberechnung	
Betrag:	10.000,00 €
Zinsen in Prozent:	12%
Laufzeit in Monaten:	29
Rate (Monatsende):	398,95 €

13.2 Zeichnen im Excel

Für das **Rechteck** nehmen wir die Zeichenfunktionen von Excel zu Hilfe.

➢ Blenden Sie die **Zeichenwerkzeuge** mit dem Symbol ein:

Diagramm einfügen, Zeichenfunktionen.

Es erscheint die Symbolleiste Zeichnen:

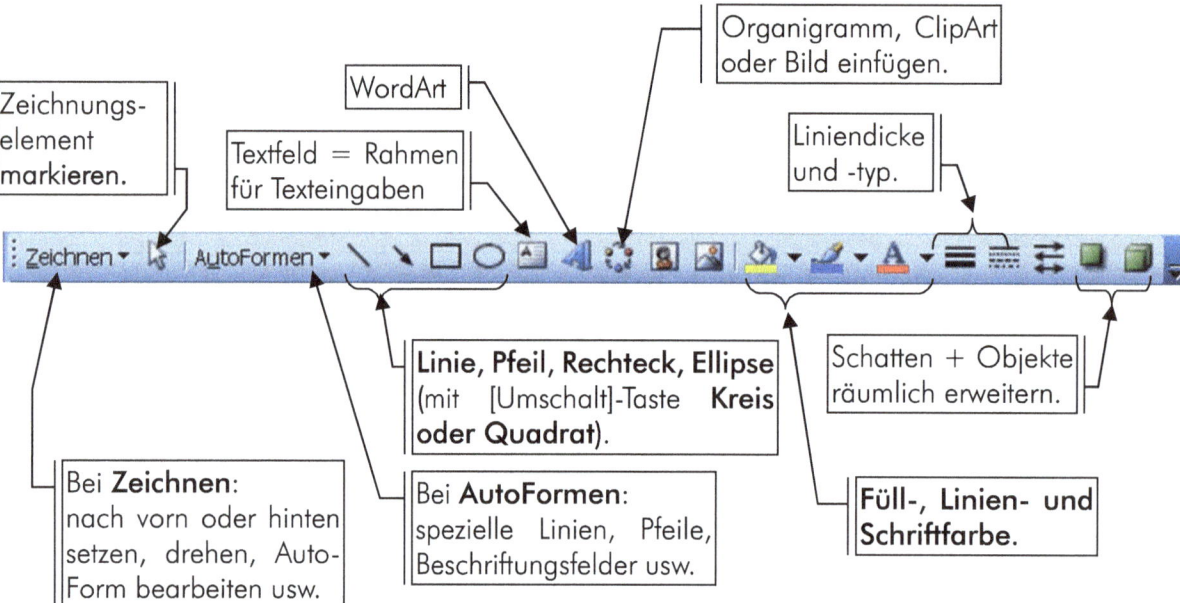

Tipp: Maus auf einer Schaltfläche kurz nicht bewegen, dann wird die Bedeutung angezeigt.

➢ Zeichnen Sie ein **Rechteck** über die ganze Tabelle,

➢ dann **Füllfarbe** ausschalten.

 ✎ Dafür **Rechteck** anklicken und

 ✎ in der Zeichensymbolleiste beim Farbeimer

 ✎ **kein Füllbereich** wählen.

Die Zeichenleiste ausschalten:

♦ entweder das **X** an der Symbolleiste oder

♦ erneut auf das **Symbol Zeichenwerkzeuge** drücken.

 ✎ Mit diesem Symbol kann folglich die Zeichenleiste ein- und ausgeschaltet werden.

Weitere Formatierungen:

Bei den Autoformen finden Sie zahlreiche vorgefertigte grafische Formen, z.B. ein Rechteck mit abgerundeten Ecken, ein Achteck, diverse Pfeile, Symbole für Flussdiagramme, Sterne und Banner.

Rechteck mit abgerundeten Ecken.

Alle Autoformen können Sie nachträglich ändern:

- **Abgerundete Ecken** gehen nachträglich so:
    - Rechteck anklicken,
    - „**Zeichnen-AutoForm ändern**" und bei
    - **Standardformen** das abgerundete Rechteck wählen.

Bei allen Autoformen können Sie Text ergänzen:

- **Rechte Maustaste** auf der Autoform und „**Text hinzufügen**" wählen oder den Text bei markierter Autoform direkt eingeben.

- Bei allen Autoformen finden Sie mittels der **rechten Maustaste**, dann „**Autoform formatieren**" zahlreiche Einstellmöglichkeiten, z.B. diverse Füllmuster oder Farbverläufe.

Übung abschließen:

- **Benennen** Sie die Blätter passend um: Kredit, Berechnung, Kredit mit RMZ, Sparen mit RMZ.
- **Drucken** Sie die Tabelle aus. Anhand von dem Ausdruck die Tabelle fertig einstellen, da je nach Drucker das Ergebnis anders ausfällt.

Bei den perfekt eingestellten Excel-Vorlagen und professionellen Excel-Arbeiten zur Präsentation oder Verwendung bei Kundengesprächen sind die nicht benötigten Linien ausgeblendet und die eigentliche Tabelle farblich ansprechend gestaltet.

Linien können Sie folgendermaßen auch am Bildschirm ausblenden:

Da auch die Gitternetzlinien, die nicht ausgedruckt werden, am Bildschirm als gepunktete Linien sichtbar sind, können die Linien nur am Bildschirm unsichtbar gemacht werden, in dem eine weiße oder andersfarbige Füllfarbe zugewiesen wird.

- Zellen markieren, dann mit dem Fülleimer eine Farbe wählen.

Linientyp, Füllfarbe, Textfarbe:

13.3 AutoFormat

Neben den Vorlagen für neue Tabellen können Sie existierenden Tabellen voreingestellte Formatierungen zuweisen.

Bisher haben wir Tabellen von Hand formatiert, um alle Einstellmöglichkeiten kennenzulernen. Excel kann Standardtabellen selbständig formatieren.

Sollten die Tabellen Besonderheiten aufweisen, etwa mehrere Überschriften, können Sie weiterhin von Hand formatieren oder die automatische Formatierung nachbearbeiten.

> ➢ Öffnen Sie die **Übung Telefonliste** und wählen Sie: **Format-AutoFormat**. Dieses Fenster erscheint:

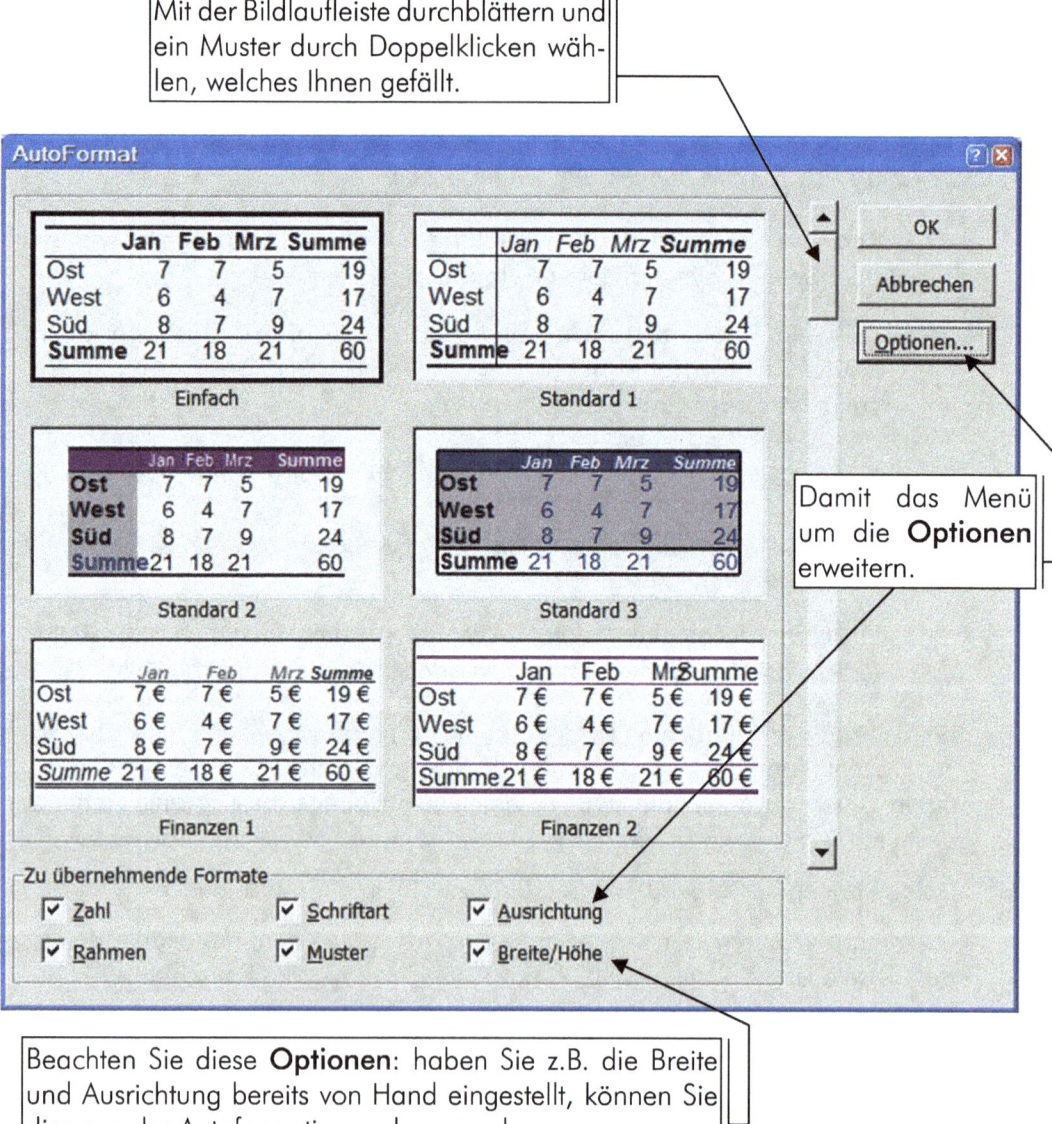

Mit der Bildlaufleiste durchblättern und ein Muster durch Doppelklicken wählen, welches Ihnen gefällt.

Damit das Menü um die **Optionen** erweitern.

Beachten Sie diese **Optionen**: haben Sie z.B. die Breite und Ausrichtung bereits von Hand eingestellt, können Sie dies aus der Autoformatierung herausnehmen.

> ➢ Formatieren Sie die **Telefonliste** mit der AutoFormat-Funktion neu. Probieren Sie mehrere unterschiedliche Muster aus.

Mit **Rückgängig** können Sie Formatierungen wieder entfernen.

Kapitel 14

14. Der Aufgabenbereich

Von Excel gibt es für Standard-Anwendungsfälle wie z.B. Rechnungen vorbereitete Tabellenvorlagen. Diese brauchen Sie nur mit Ihren Daten auszufüllen und, falls erforderlich, geringfügig anzupassen.

14.1 Erste Schritte

Seit Office XP gibt es rechts den Aufgabenbereich. Dieses Andockfenster ist nach dem Start von Excel eingeblendet und verschwindet, sobald Sie eine Arbeitsmappe geöffnet haben.

[Strg]-F1

- Den Aufgabenbereich können Sie jederzeit mit **Ansicht-Aufgabenbereich** oder **[Strg]-F1** ein- oder ausblenden.

Im Aufgabenbereich sind ausgewählte Aktionen vorhanden, z.B. können Sie hier nicht nur Ihre zuletzt bearbeitete Datei öffnen, sondern auch mit einer Vorlage eine neue Mappe beginnen.

Oben im Balken klicken, um eine andere Ansicht zu wählen, z.B. Zwischenablage, Suchergebisse oder Hilfe.

Den **Aufgabenbereich „Erste Schritte"** finden Sie auch auf Seite 25 beschrieben.

Ihre **letzten Arbeiten** erneut öffnen.

Andere Mappen **öffnen**, der Ordner „Eigene Dateien" ist voreingestellt.

Neue Mappe beginnen.

14.2 Die Zwischenablage

Am oberen Rand des Aufgabenbereichs können Sie den anzuzeigenden Inhalt wechseln.

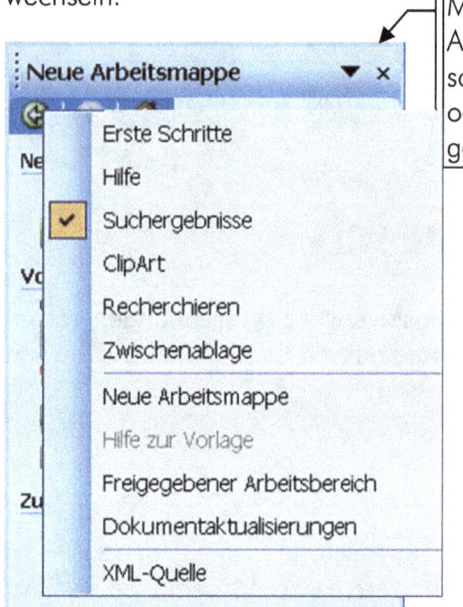

Mittels dieses kleinen Pfeils klappt das Auswahlmenü auf, in dem Sie zur Zwischenablage oder dem Suchen-Fenster oder dem Menü, um ClipArts einzufügen, wechseln können.

- **Zwischenablage**: hier können die zuletzt kopierten Elemente (bis zu 24) erneut durch Doppelklicken eingefügt werden.
- ✏ Die Zwischenablage können Sie schnell starten, indem Sie **[Strg] und zweimal c** drücken.

14.3 Suchergebnisse und Recherchieren

- **Suchergebnisse**: dies ist leider nicht mehr das normale Suchen Menü wie im Windows bei Start-Suchen, sondern hier könnte im Internet auf der Microsoft Home-Page nach weiteren Hilfetexten gesucht werden.

- Bei **Recherchieren** wird das Thesaurus-Wörterbuch durchsucht, um ähnliche Wörter zu finden, und es wird eine Übersetzung angeboten.

- Excel-Dateien können Sie im Windows mit **Start-Suchen** finden:
- ✏ Dann nach „Dateien und Ordnern" wählen und *.xls eintragen.
- ✏ Der * steht für einen beliebigen Dateinamen, gefolgt von der Dateiendung für **Excel-Dateien xls** nach einem Punkt zur Trennung.

14.4 ClipArts

Diese Funktion können Sie auch mit **Einfügen-Grafik-ClipArt** aktivieren.

In diesem Andockfenster können ClipArts gesucht werden, beim abgebildeten Beispiel wurde nach Segelboot gesucht, dann werden die gefundenen Bilder mittels kleiner **Vorschaubildchen** komfortabel angezeigt und können mit der Maus in die Mappe gezogen und so eingefügt werden.

Da in dem ClipArt-Menü alle Bilder und ClipArts, die sich auf Ihren Laufwerken befinden, angezeigt werden können, erscheint beim ersten Start eine Frage, ob alle Laufwerke durchsucht werden sollen. Das ist nur beim ersten Mal notwendig und zu empfehlen, damit Sie auf alle Bilder zugreifen können.

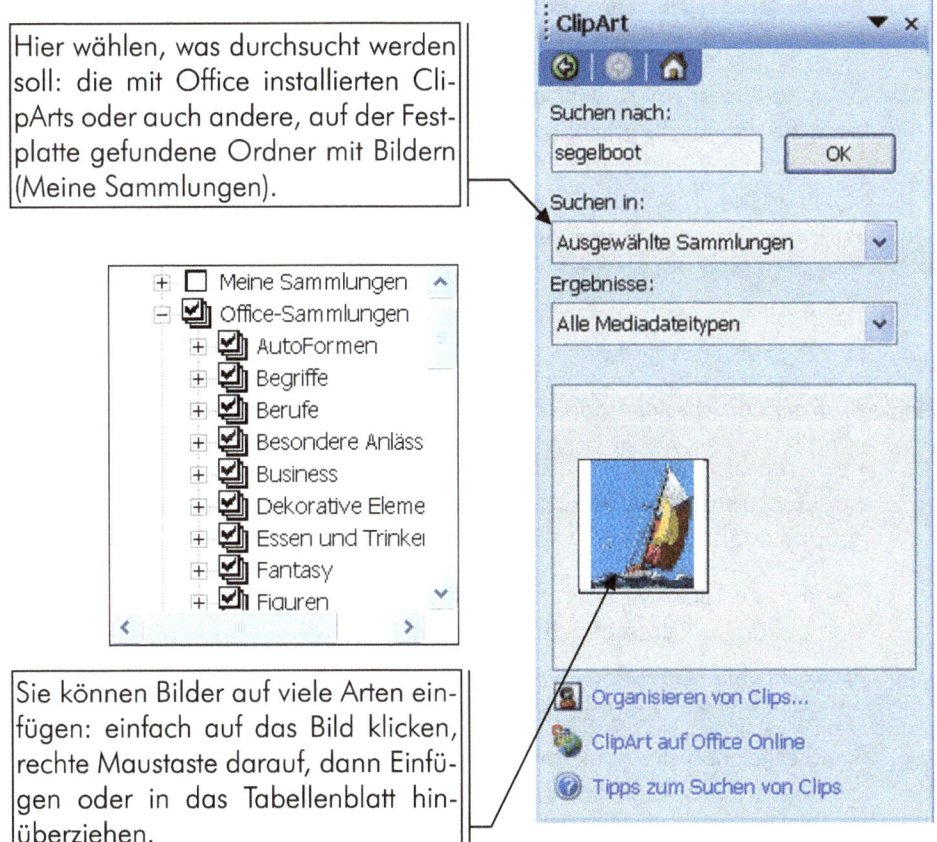

Hier wählen, was durchsucht werden soll: die mit Office installierten ClipArts oder auch andere, auf der Festplatte gefundene Ordner mit Bildern (Meine Sammlungen).

Sie können Bilder auf viele Arten einfügen: einfach auf das Bild klicken, rechte Maustaste darauf, dann Einfügen oder in das Tabellenblatt hinüberziehen.

Eingefügte ClipArts können Sie mit gedrückter **linker Maustaste verschieben** oder, wenn angeklickt und dadurch markiert, an den **Anfasserpunkten** am Rand **in der Größe ändern**.

Sie können ClipArts im Excel jedoch nicht als Hintergrund formatieren. Ein ClipArt oder Foto kann nur als Hintergrund verwendet werden, indem Sie dieses mit dem Befehl **Format-Blatt-Hintergrund** einfügen.

14.5 Freigegebener Arbeitsbereich

Um Arbeiten gemeinsam zu verwenden oder erstellte Tabellen anderen zugänglich zu machen, gibt es diese neue, dafür noch fehlerhafte, Funktion. Die Tabelle kann damit auf einen im Netzwerk freigegebenen Arbeitsbereich verschoben werden, so dass andere Mitglieder der Arbeitsgruppe darauf zugreifen können.

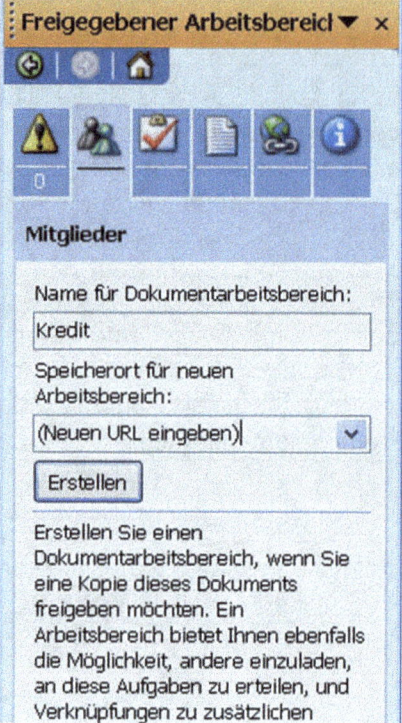

- Tragen Sie die Netzwerk- oder **Webadresse** bei Speicherort… ein.

- Falls eine Meldung erscheint, ist diese Webseite zuvor im Internet Explorer bei Extras-Optionen auf der Karteikarte Sicherheit, dann „**Vertrauenswürdige Sites**" anzugeben.

- Falls es immer noch nicht geht, haben Sie keine Zugriffsberechtigung oder es ist ein **Passwort** nötig. Da es noch keine Möglichkeit gibt, ein Passwort im Excel einzugeben, ist diese Funktion damit noch nicht verwendbar.

Andere, praktikablere Methoden:

- Kopieren Sie die Arbeit in den Ordner „**Gemeinsame Dokumente**", der den Mitgliedern in Ihrer Arbeitsgruppe zugänglich ist.

- Sie können Excel-Mappen natürlich **per Email** versenden. Damit lassen sich beliebige Adressaten erreichen.
  - Wenn Sie verhindern wollen, dass die Empfänger die Arbeit verändern können, schützen Sie die Mappe vorher mit einem Passwort.
  - Sie können die Funktion **Extras-Änderungen protokollieren** aktivieren, um später die Änderungen nachvollziehen zu können.

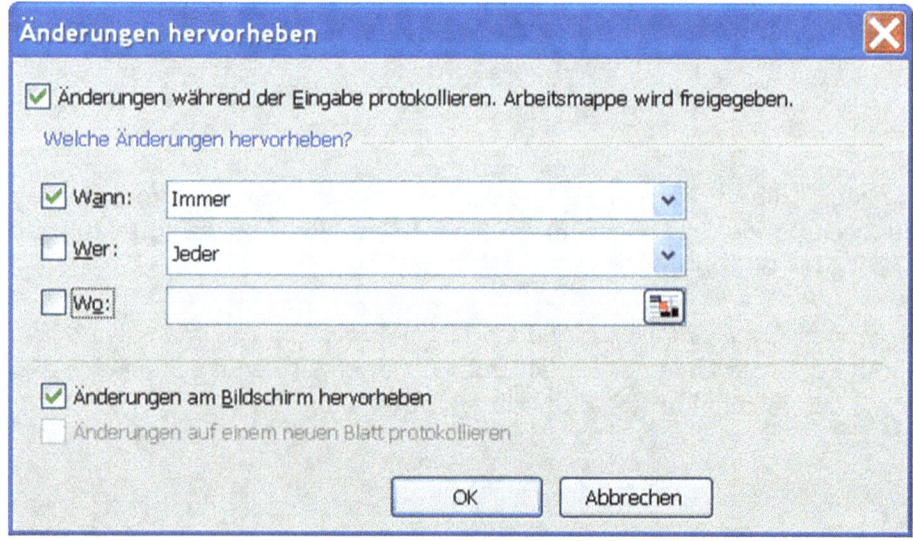

15. Die Excel-Vorlagen

15.1 Vorlage auswählen

um Auswählen einer Vorlage klicken Sie im Aufgabenbereich „Neue Arbeitsmappe" bei Vorlagen **„Auf meinem Computer"**. Sie kommen auch auf dem alten Weg über den Befehl Datei, dann Neu, zu den Vorlagen.

Dieses Fenster ermöglicht die Auswahl einer Vorlage:

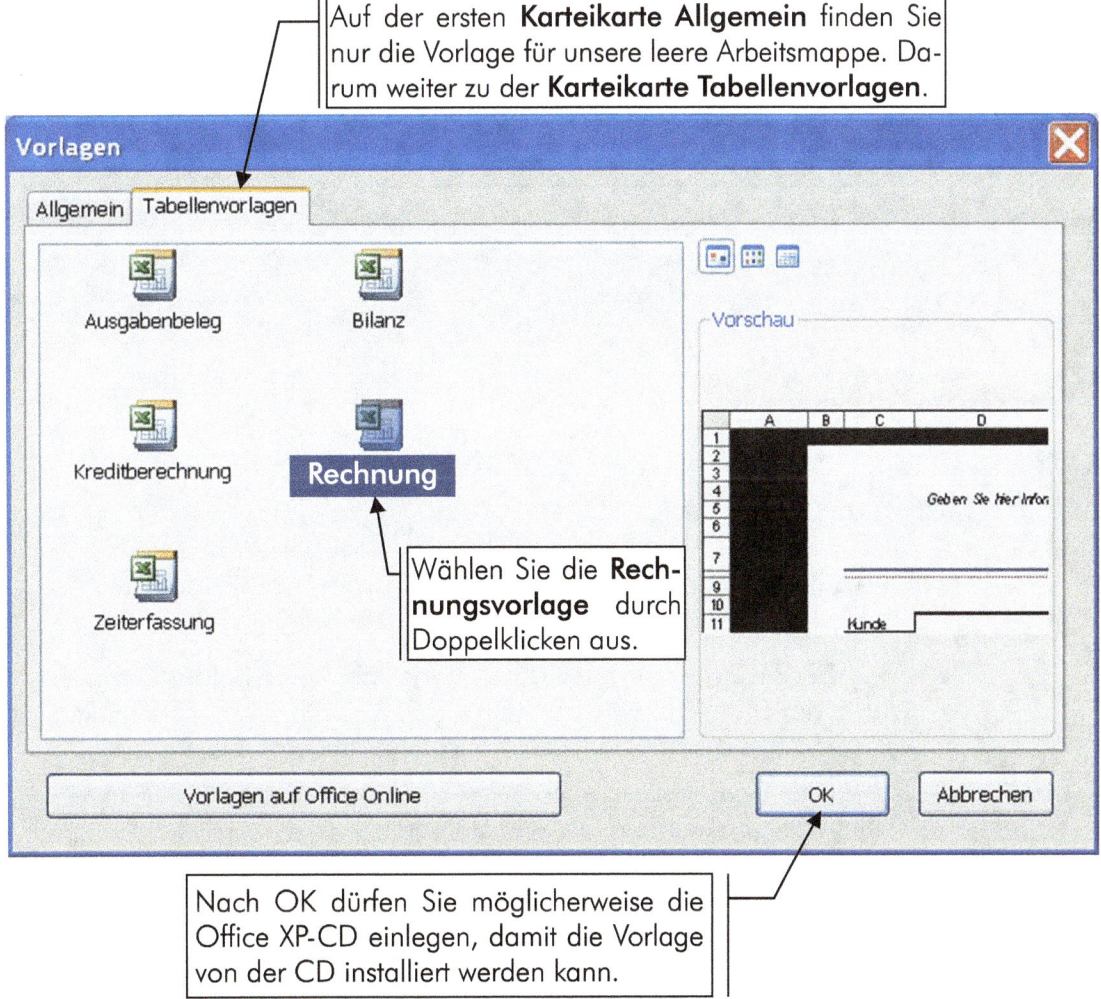

Auf der ersten **Karteikarte Allgemein** finden Sie nur die Vorlage für unsere leere Arbeitsmappe. Darum weiter zu der **Karteikarte Tabellenvorlagen**.

Wählen Sie die **Rechnungsvorlage** durch Doppelklicken aus.

Nach OK dürfen Sie möglicherweise die Office XP-CD einlegen, damit die Vorlage von der CD installiert werden kann.

Vorlagen enthalten **Makros**. Makros könnten Viren enthalten. Darum erscheint möglicherweise eine Warnmeldung. Da in diesem Fall wir eine Original-MS-Datei öffnen, können Sie mit einiger Sicherheit die **Makros aktivieren**, damit alles bei der Vorlage funktioniert.

15.2 Umgang mit einer Vorlage

Ein paar kleine Tipps, wie die Vorlagen aufgebaut sind. Denn die Grundelemente kennen Sie bereits.

➢ Öffnen Sie die **Rechnungsvorlage**.

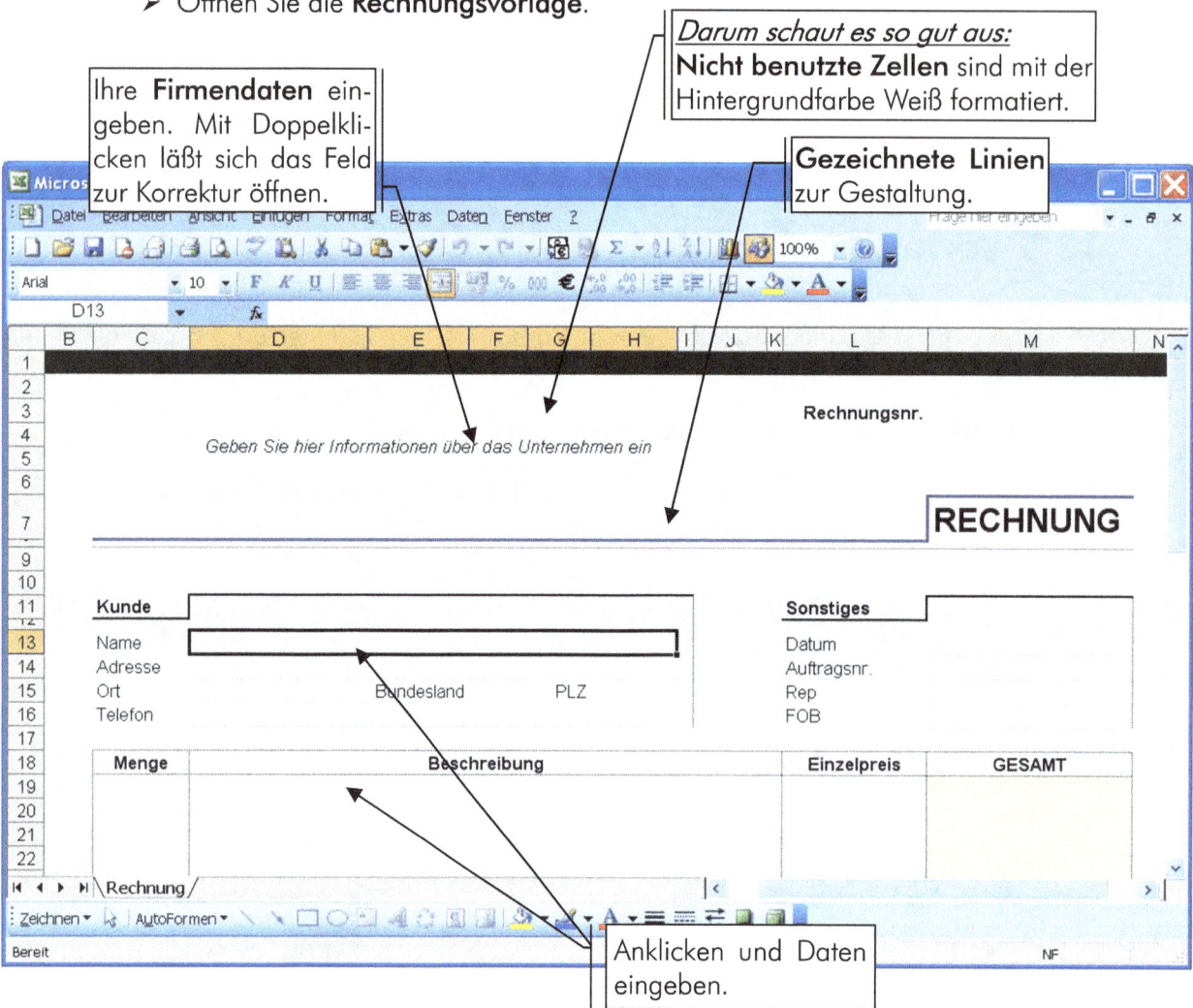

- **Dieses Blatt Rechnung ist geschützt**, so dass hier nur die Daten (Kundenadresse und Bestellung) eingegeben werden können.

- Wenn Sie das Formular ändern wollen, **ist bei dem Befehl Extras-Schutz der Blattschutz aufzuheben**. Das ist auch schon notwendig, wenn Sie z.B. die Schriftgröße des Firmenlogos ändern wollen.
  - ↳ Nach den individuellen Anpassungen könnten Sie mit Extras-Schutz-Blatt schützen das Formular wieder fixieren.

- **Schattierte Felder** (hier bei GESAMT) enthalten Formeln, folglich hier nichts von Hand eingeben!
  - ↳ Die **Formel** enthält eine **Wenn-Bedingung**, damit nur gerechnet wird, wenn ein Artikel eingetragen ist. Klicken Sie einfach eine Zelle bei GESAMT an, damit Sie die Formel sehen.
  - ↳ Die Funktionsweise der **Wenn-Bedingung** wird auf Seite 125 erläutert.

15.3 Die Daten

➢ Füllen Sie die Rechnung mit Daten aus.

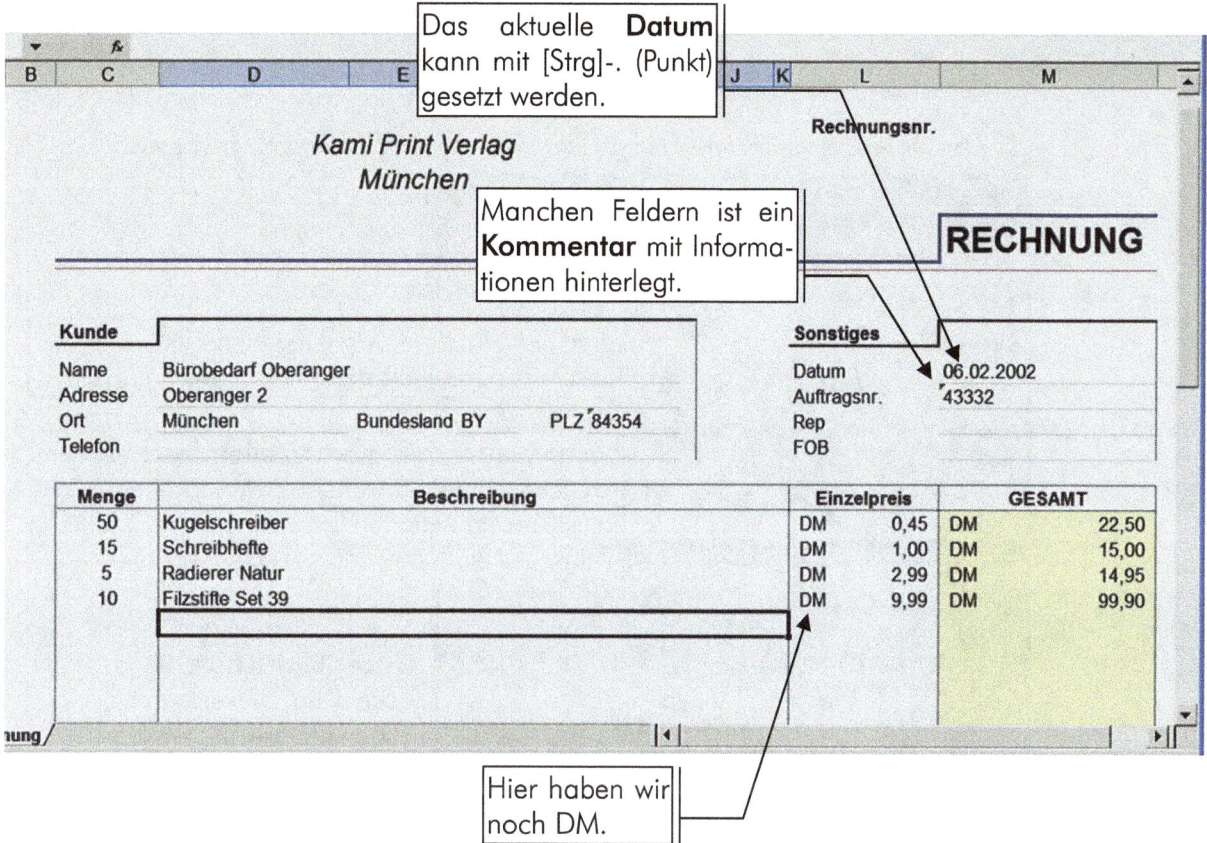

➢ Ändern Sie die Währung in **Euro**, indem Sie die gesamte Spalte „Einzelpreis" und „Gesamt" markieren und das Euro-Währungssymbol anklicken, danach ebenso für die abschließende Summenberechnung.

➢ Tragen Sie unten bei „Weitere Anmerkungen" die Zahlungsfristen ein, z.B. „Zahlbar innerhalb von 14 Tagen ohne Abzug" und bei „**Schlussgruss**" eine Bankverbindung.

15.3.1 Daten speichern

Eine einfache praktikable Methode, wenn Sie die Daten speichern wollen, ist es, dass Sie in einer Rechnung alle Artikel eingeben und diese Rechnung als neue Vorlage speichern.

♦ Die nicht benötigten Artikel können gelöscht und die Stückzahl angepasst werden, um neue Rechnungen zu erstellen.

Diese Methode ist einfach, aber natürlich nur für wenige Artikel geeignet. Für umfangreiche Artikelstämme ist ein Datenbankprogramm besser geeignet, so dass wir hierfür auf unsere Bücher zu **MS Access** verweisen können.

Damit Sie sehen, wie Sie eigene Vorlagen erstellen können, werden wir dies im Folgenden vorstellen.

15.4 Blatt schützen

Wenn alle Daten eingegeben sind und das Tabellenblatt gemäß Ihren Vorstellungen eingerichtet ist, könnten Sie das Blatt erneut schützen, damit spätere Anwender nur noch Daten eingeben oder löschen können.

> Das geht bei mit **Extras-Schutz-Blatt schützen**.

Sie können wählen, welche Aktionen späteren Anwendern erlaubt sein sollen:

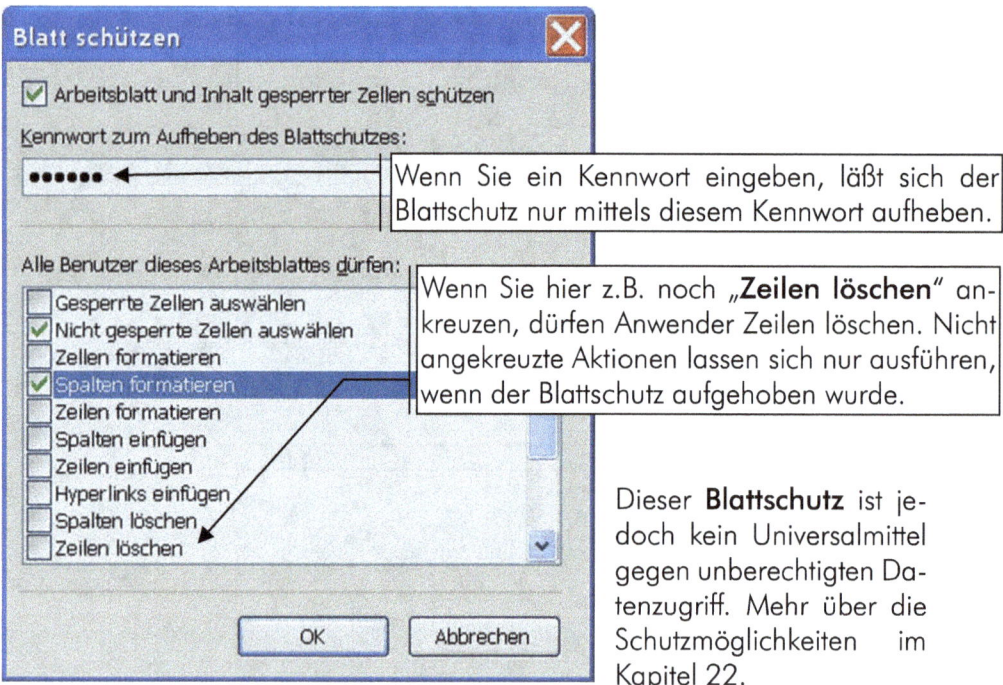

Wenn Sie ein Kennwort eingeben, läßt sich der Blattschutz nur mittels diesem Kennwort aufheben.

Wenn Sie hier z.B. noch „**Zeilen löschen**" ankreuzen, dürfen Anwender Zeilen löschen. Nicht angekreuzte Aktionen lassen sich nur ausführen, wenn der Blattschutz aufgehoben wurde.

Dieser **Blattschutz** ist jedoch kein Universalmittel gegen unberechtigten Datenzugriff. Mehr über die Schutzmöglichkeiten im Kapitel 22.

15.5 Als Vorlage speichern

Wenn alles fertig eingerichtet und die Daten eingeben sind, können Sie mit dem Befehl **Datei-Speichern unter** die Rechnung als neue Vorlage speichern.

(1) > Schalten Sie zuerst unten bei **Dateityp auf Mustervorlage** um:

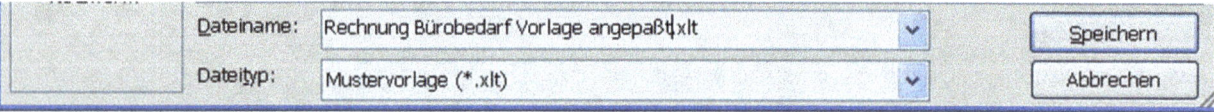

(2) Damit wechselt Excel automatisch zu dem **Ordner Templates**, in dem auch die anderen Vorlagen gespeichert sind, damit die neue Vorlage bei dem Aufgabenbereich-Vorlagen erscheint und ausgewählt werden kann:

> Anschließend können Sie die Vorlage im **Aufgabenbereich** (ggf. mit Ansicht-Aufgabenbereich einschalten) bei den „Allgemeinen Vorlagen" auswählen.

Vergessen Sie selbsterstellte Vorlagen nicht bei Ihrer Datensicherung!

16. Formatvorlagen in Excel

- Formatvorlagen sind eine sehr große Arbeitserleichterung:
  - Statt jede Überschrift einzeln zu markieren und dann einzustellen (Schriftart und -größe, Text- und Hintergrundfarbe usw.) wird alles
  - nur einmal in der **Formatvorlage** namens Überschrift eingestellt.
  - Bei einer neuen Tabellenüberschrift schalten Sie auf diese Formatvorlage um und alle Formatierungen sind da!

Hier werden wir nur eine einfache Übungsrechnung erstellen. Die großen Vorteile der Formatvorlagen können Sie erahnen, wenn Sie sich eine seitenlange Kalkulation eines Immobilienmaklers vorstellen, welche eben auch noch optisch ansprechend gestaltet sein sollte.

Wir werden die Formatvorlagen praxisnah anhand einer Immobilienfinanzierung erkunden:

> **Erstellen** Sie die folgende Tabelle, beginnen Sie dabei in der dritten Zeile und zweiten Spalte:

	A	B	C
1			
2			
3		**Finanzbedarf**	
4		3-Zimmer-Wohnung Nr. 604 ca. 81,65 m² inkl. TG-Stellplatz	194.500,00 €
5		Grunderwerbssteuer 3,5 %	6.807,50 €
6		Maklerprovision 3 %	5.835,00 €
7		16% MwSt Maklerprov.	933,60 €
8		Notarkosten ca.	1.384,97 €
9		Renovierungsaufwand	10.000,00 €
10		Umzugskosten	5.000,00 €
11			
12		Gesamtaufwand	224.461,07 €
13		Eigenkapital	30.000,00 €
14		Bruttofinanzbedarf	194.461,07 €

Hinweise in der Abbildung:
- Ganze Spalte markieren und Format **Euro** wählen.
- Mit **[Alt]-[Return]** neue Zeilen beginnen.

> Markieren Sie die nicht benötigten Zeilen und Spalten und blenden Sie diese mit **Hintergrundfarbe weiß** aus.

16.1 Eine neue Formatvorlage

Finanzbedarf soll nun die erste Hauptüberschrift werden:

> Die Zelle mit **Finanzbedarf** anklicken, dann **Format-Formatvorlage** wählen.

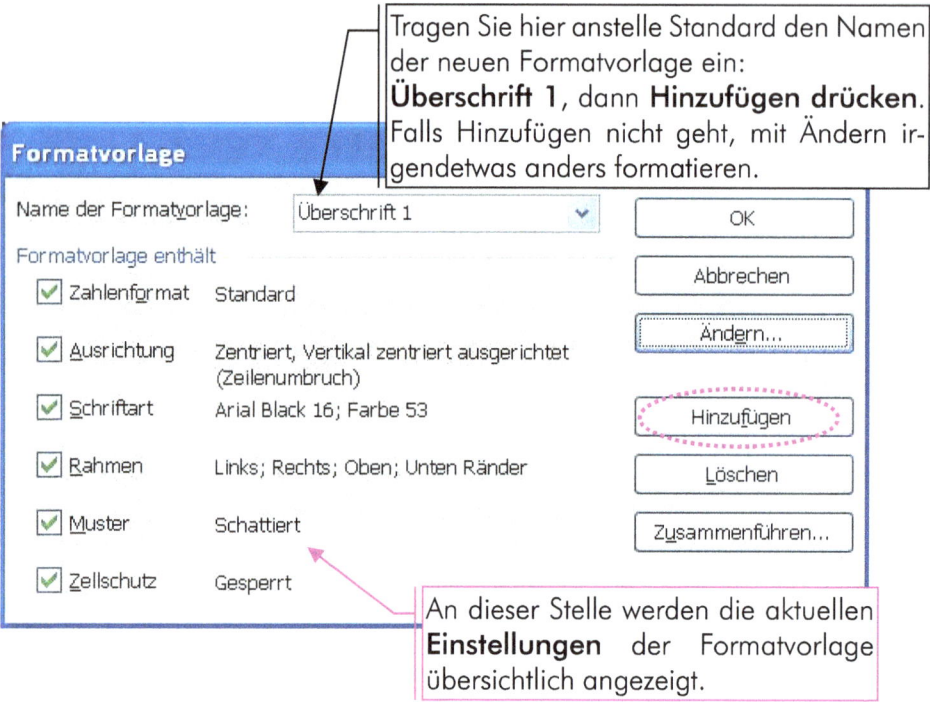

Tragen Sie hier anstelle Standard den Namen der neuen Formatvorlage ein: **Überschrift 1**, dann **Hinzufügen drücken**. Falls Hinzufügen nicht geht, mit Ändern irgendetwas anders formatieren.

An dieser Stelle werden die aktuellen **Einstellungen** der Formatvorlage übersichtlich angezeigt.

16.1.1 Formatvorlage einstellen

Jetzt gibt es die neue Formatvorlage, die noch genauso wie Standard formatiert ist.

> Im obigen Menü nun auf **Ändern** drücken.

Es erscheint das Menü, welches Sie bisher bei **Format-Zeichen** aufgerufen haben. Nur dass die jetzt vorgenommenen Änderungen für die Formatvorlage gelten:

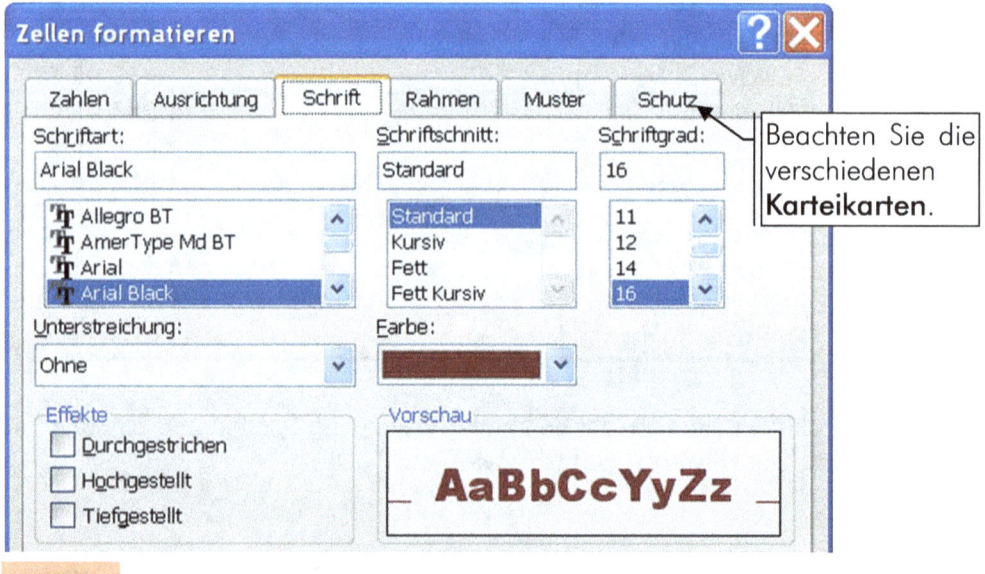

Beachten Sie die verschiedenen **Karteikarten**.

Stellen Sie folgendes ein:

- Schrift **fett** und zwei Punkte **größer** als der restliche Text und
- Hintergrundfarbe (bei Muster) **hellblau**, zwei **Linien oben und unten** dunkelblau (Karteikarte Rahmen).
- Dann mit **OK** das Menü verlassen.

16.1.2 Formatvorlage ändern

Sie können das Formatvorlagen-Menü jederzeit erneut öffnen und die Formatvorlage anders einstellen. Alle Texte, denen diese Formatvorlage zugewiesen ist, werden anschließend automatisch aktualisiert.

- Ganz komfortabel kommen Sie in das Menü mit der **Tastaturabkürzung [Alt]-t-v**.
  - Das müssen Sie sich nicht sofort merken, da bei dem Befehl **Format** das **t** unterstrichen ist, bei **Formatvorlage** das v.
  - Mit **[Alt]** können Sie somit mittels der unterstrichenen Buchstaben auch Menübefehle ausführen.

16.2 Formatvorlage zuweisen

Nach zwei Leerzeilen geht es mit der Tabelle weiter.

- Ergänzen Sie den weiteren Text wie auf der nächsten Seite abgebildet.

Finanzierungskosten und „**Erwartete Mieteinnahmen**" sollen nun ebenfalls als Hauptüberschriften formatiert werden. Jetzt sehen Sie den Vorteil der Formatvorlagen, denn jedes umständliche Einstellen entfällt.

- Klicken Sie die jeweiligen Zellen an und wählen Sie über Format-Formatvorlage die **Formatvorlage Überschrift 1** aus.

16.2.1 Zellen verbinden

In den Formatvorlagen kann nicht eingestellt werden, dass Zellen verbunden werden sollen.

- Darum zuerst die Formatvorlage zuweisen, dann die **Überschrift** und die **nächste Zelle markieren**, dann das Symbol für Zellen verbinden wählen.

Notizen: ....

....

....

....

....

Jetzt müsste die Übung folgendermaßen mit dem eingetragenen Text aussehen, der **mittels Formatvorlagen formatiert** wurde:

	A	B	C
1			
2			
3		*Finanzbedarf*	
4		3-Zimmer-Wohnung Nr. 604 ca. 81,65 m² inkl. TG-Stellplatz	194.500,00 €
5		Grunderwerbssteuer 3,5 %	6.807,50 €
6		Maklerprovision 3 %	5.835,00 €
7		16% MwSt Maklerprov.	933,60 €
8		Notarkosten ca.	1.384,97 €
9		Renovierungsaufwand	10.000,00 €
10		Umzugskosten	5.000,00 €
11			
12		**Gesamtaufwand**	**224.461,07 €**
13		Eigenkapital	30.000,00 €
14		**Bruttofinanzbedarf**	**194.461,07 €**
15			
16			
17		*Finanzierungskosten*	
18		aktueller Zinssatz 3,6%	7.000,60 €
19		Rückzahlung 1%	1.944,61 €
20		**Summe Finanzierungskosten**	**8.945,21 €**
21			
22			
23		*Erwartete Mieteinnahmen*	
24		Wohnung + TG-Stellplatz p. M.	750,00 €
25		**Miete pro Jahr**	**9.000,00 €**

(Formatvorlage Überschrift 1.)

16.2.2 Schaltfläche ergänzen

Das ist zwar praktisch, über Format-Formatvorlagen aber zu mühselig. Schön wäre eine Schaltfläche für die Formatvorlagen wie bei MS Word, die bei Excel nur noch nicht eingeblendet ist.

Die Schaltfläche für Formatvorlagen schalten Sie so ein:

- ➤ **Extras-Anpassen** drücken und auf der Karteikarte **Befehle**
- ➤ aus der **Kategorie Format** die Schaltfläche für
- ➤ **Formatvorlagen** in die Symbolleiste vor die Schriftart ziehen. Dann das Anpassen-Fenster schließen.

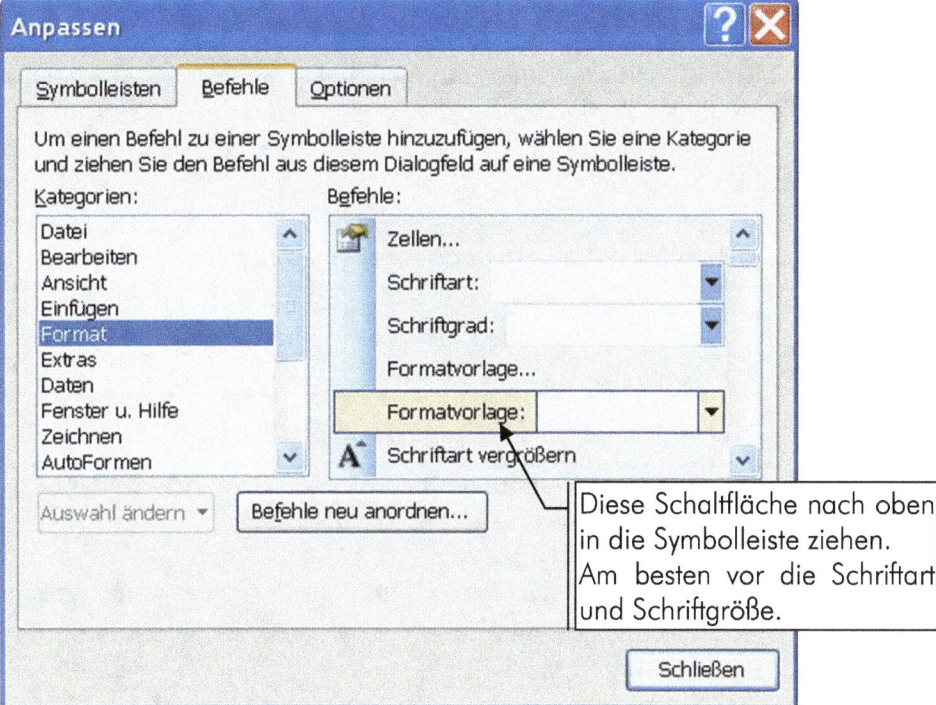

So sollte es werden, kompatibel zu MS Word:

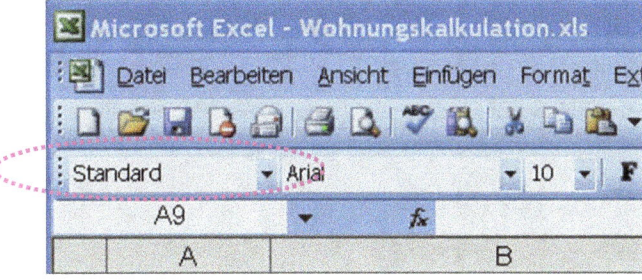

- ➢ **Klicken** Sie jetzt auf die Überschrift, dann auf anderen Text oder die Formeln und

- ➢ **beobachten** Sie, wie dabei in der neuen Schaltfläche die jeweilige Formatvorlage angezeigt wird.

16.2.3 Formatvorlage wechseln

Und noch eine neue Formatvorlage:

Die Summen sollen auch einheitlich formatiert werden. Hier zur Übung anhand des **Bruttofinanzbedarfs**, der „**Summe Finanzierungskosten**" und der „**Miete pro Jah**r".

- ➢ Klicken Sie Zelle Bruttofinanzbedarf an und erstellen Sie eine neue Formatvorlage mit dem Namen **Überschrift 2**.
  - ✎ Stellen Sie eine etwas kleinere Schrift ein als bei der Überschrift 1.

- ➢ Dann auch den Zellen **Summe Finanzierungskosten** und „**Miete pro Jahr**" diese Formatvorlage zuweisen.

16.2.4 Währungsformat

Sowohl der Text als auch die Zahlenangaben sollen mit der Formatvorlage Überschrift 2 formatiert werden, damit die Schrift- und Rahmeneinstellungen übereinstimmen. Deshalb können wir das Zahlenformat Währung bereits in der Formatvorlage festlegen.

Mit Formatvorlagen sind selbst sehr lange Tabellen schnell formatiert:

	A	B	C
1			
2			
3		**Finanzbedarf**	
4		3-Zimmer-Wohnung Nr. 604 ca. 81,65 m² inkl. TG-Stellplatz	194.500,00 €
5		Grunderwerbssteuer 3,5 %	6.807,50 €
6		Maklerprovision 3 %	5.835,00 €
7		16% MwSt Maklerprov.	933,60 €
8		Notarkosten ca.	1.384,97 €
9		Renovierungsaufwand	10.000,00 €
10		Umzugskosten	5.000,00 €
11			
12		**Gesamtaufwand**	**224.461,07 €**
13		Eigenkapital	30.000,00 €
14		*Bruttofinanzbedarf*	*194.461,07 €*
15			
16			
17		**Finanzierungskosten**	
18		aktueller Zinssatz 3,6%	7.000,60 €
19		Rückzahlung 1%	1.944,61 €
20		*Summe Finanzierungskosten*	*8.945,21 €*
21			
22			
23		**Erwartete Mieteinnahmen**	
24		Wohnung + TG-Stellplatz p. M.	750,00 €
25		*Miete pro Jahr*	*9.000,00 €*
26			

Formatvorlage Überschrift 1.

Formatvorlage Überschrift 2.

Abschließend die Zellen mit den Ergebnissen anklicken und auf rechtsbündig umschalten.

Notizen: ....
....
....

16.3 Die Zahlen formatieren

Ist es Ihnen schon aufgefallen, dass bei den Zahlen die **Formatvorlage Euro** verwendet ist?

Auch hier benutzt Excel die Formatvorlagen. Wir hatten die **Formatvorlage Euro** nebenbei zugewiesen, als wir die Zellen mit dem Währungssymbol für den Euro eingestellt haben.

Daraus resultiert, dass wir alle **€-Zahlen** über die Formatvorlage automatisch einstellen können, und diese Chance nutzen wir sogleich.

> Stellen Sie für die Formatvorlage Euro **Schriftfarbe dunkelblau, fett und kursiv** ein.

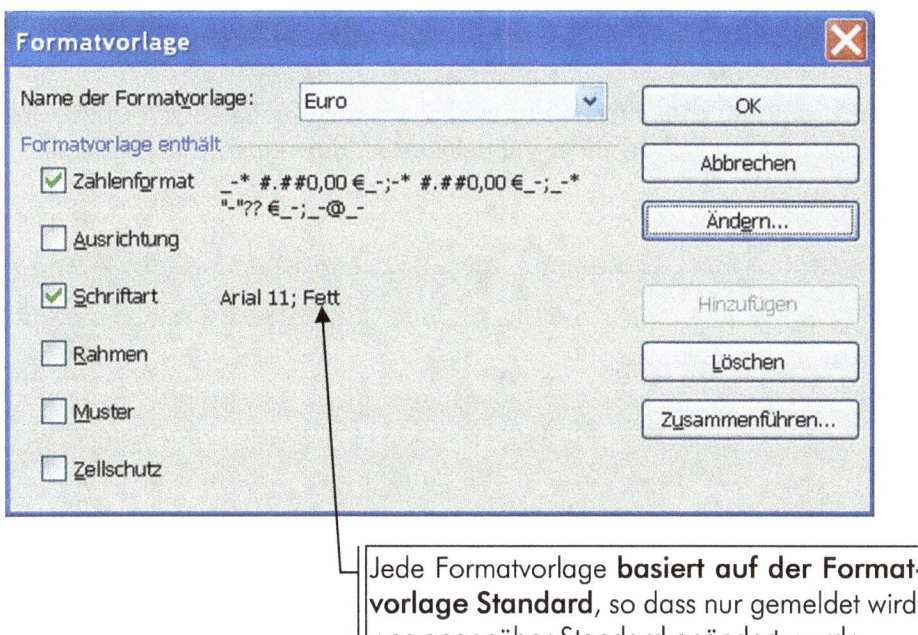

Jede Formatvorlage **basiert auf der Formatvorlage Standard**, so dass nur gemeldet wird, was gegenüber Standard geändert wurde.

> Beachten Sie, wie alle Euro-Währungszellen **einheitlich** geändert werden (außer den Zahlen mit der Formatvorlage Überschrift 2 natürlich).

Abschließende Hinweise:

- Für Prozent-Formate gilt die **Formatvorlage Prozent**, die Sie ebenfalls ändern können.
- Die **Formatvorlage Euro** ist neu und eigens für den Euro eingerichtet.
  - Für andere Währungen oder unterschiedliche Formatierungen kann die **Formatvorlage Währung** verwendet werden, weitere Formatvorlagen für andere Währungen oder Texteinstellungen können Sie wie beschrieben ergänzen.

Notizen: ....
....
....
....

16.4 Vorteile der Formatvorlagen

Wenn Sie die Formatvorlage nachträglich ändern, werden alle Zellen in dieser Arbeitsmappe, denen diese Formatvorlage zugewiesen wurde, automatisch aktualisiert.

Das ist die Voraussetzung, um längere Tabellen rationell einzustellen. Auch wenn Tabellen auf mehrere Tabellenblätter verteilt sind, ist es mit den Formatvorlagen kein Problem mehr, alle einheitlich einzustellen.

Eine Alternative zu den Formatvorlagen bietet der Befehl „**Format übertragen**" (siehe Seite 45) oder die Möglichkeit, Tabellen von Excel mit **Tabelle-AutoFormat** automatisch formatieren zu lassen (vgl. S. 90)

- Auch **längere Tabellen** können ohne riesengroßen Aufwand jederzeit anders formatiert werden (ohne Formatvorlagen müssten Sie wieder jede Überschrift anklicken und einzeln ändern!).

- Ein **einheitliches Erscheinungsbild**. Beim Formatieren von Hand wird gelegentlich ein verkehrter Wert eingestellt oder eine Zelle übersehen.

Notizen: ....

5. Teil

Erweiterte Anwendungen

17. Eine Versuchsreihe

Für **wissenschaftliche Auswertungen** stellt Excel ebenfalls einige Funktionen bereit: Runden, höchster oder kleinster Wert, Standardabweichung usw.

Beispiel: Ein **Reifenhersteller** möchte ein neues Profil testen. Damit die Daten vergleichbar sind, wurden jeweils sechs Bremswege bei unterschiedlichen Geschwindigkeiten auf trockener, gerader Teststrecke ermittelt.

Versuchsauswertung Reifen Profil A

Geschwindigkeit	30	50	60	70	100
Test 1	4,23	12,25	22,85	43,87	84,98
Test 2	4,37	13,88	20,32	41,52	74,55
Test 3	4,96	13,28	21,45	39,65	77,94
Test 4	5,96	12,95	20,02	46,17	85,83
Test 5	4,45	13,74	22,55	40,47	77,94
Test 6	4,34	12,84	21,94	41,27	72,94

17.1 Auswertung mit Excel

Bei jeder Versuchsauswertung stellt sich sofort die Frage nach dem jeweiligen **Mittelwert**, und, besonders weil Excel das automatisch herausfindet, nach dem **größten und kleinsten Messwert**. Denn wenn ein Wert sehr stark von dem Mittelwert abweicht, ist das oft ein Hinweis auf einen **Messfehler**, z.B., dass ein Wert falsch abgelesen wurde.

Vorgehen:

- Wir werden einmal bei Tempo 30 die Formeln eingeben, diese anschließend in die weiteren Spalten mit der Maus kopieren.

- Zellen anklicken, Funktionsassistenten starten, gewünschte Formel wählen und dann die Werte mit der Maus angeben.

Alle Formeln finden Sie im Funktionsassistenten bei der Kategorie Statistik:

- **Anzahl**,

- **Min oder Max** (kleinster oder größter Wert),

- **Mittelwert** und die S̲t̲a̲n̲d̲a̲r̲d̲a̲b̲w̲e̲i̲c̲h̲u̲n̲g̲ **Stabwn**.

So sollte es werden:

Geschw.	30	50	60	70	100
Test 1	4,23	12,25	22,85	43,87	84,98
Test 2	4,37	13,88	20,32	41,52	74,55
Test 3	4,96	13,28	21,45	39,65	77,94
Test 4	5,96	12,95	20,02	46,17	85,83
Test 5	4,45	13,74	22,55	40,47	77,94
Test 6	4,34	12,84	21,94	41,27	72,94
Anzahl	6	6	6	6	6
Min	4,23	12,25	20,02	39,65	72,94
Max	5,96	13,88	22,85	46,17	85,83
Mittelwert	4,7183333	13,156666	21,521666	42,158333	79,03
Standardabw	0,6020912	0,5543364	1,0568099	2,2121664	4,8507250

Bei **Anzahl** wird auch die Geschwindigkeit mitgezählt, ab **Min** werden die obenstehenden Werte nicht mehr automatisch erkannt, da eine Formel und Leerzeile voranstehen. Darum ist der Bereich mit gedrückter Maustaste anzugeben.

Anzahl:

Entweder gleich hier die richtigen Zellen mit gedrückter Maustaste angeben oder

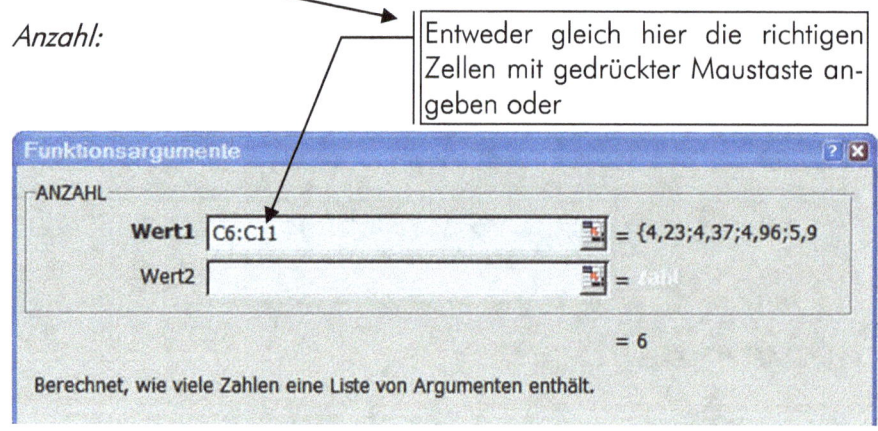

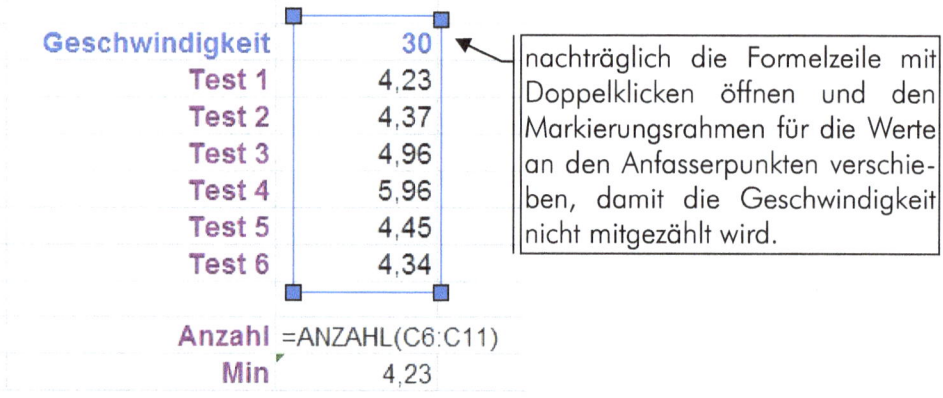

nachträglich die Formelzeile mit Doppelklicken öffnen und den Markierungsrahmen für die Werte an den Anfasserpunkten verschieben, damit die Geschwindigkeit nicht mitgezählt wird.

Beachten Sie, dass Excel praktisch alle Berechnungsmöglichkeiten bietet, z.B. **Median** oder **geometrisches Mittel, Varianz** usw.

17.2 Runden

Folgendes Problem stellt sich ein: der Mittelwert und die Standardabweichung werden mit zu vielen Nachkommastellen angezeigt. Hier müssen wir runden.

> Markieren Sie den ersten Mittelwert **4,71833333** und drücken Sie

> dieses Symbol mehrmals, um die Stellen nach dem Komma zu reduzieren.

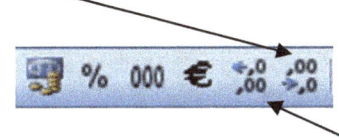

> Jetzt haben Sie nur noch **4,72**. Wählen Sie das andere Symbol, um Dezimalstellen wieder hinzuzufügen. Die ursprünglich genaue Zahl ist folglich noch vorhanden.

Beobachten Sie, wie Excel richtig auf- oder abrundet.

> Noch einmal den gleichen Vorgang für die **Standardabweichung**.

17.3 Formeln kopieren

Anschließend können Sie die fertig eingestellten Formeln nach rechts kopieren. Sie könnten markieren, kopieren und in die folgenden Zellen einfügen, aber es geht mit der Maus noch rationeller.

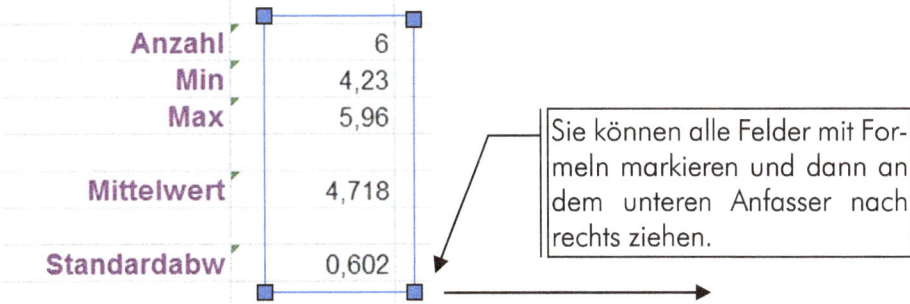

Sie können alle Felder mit Formeln markieren und dann an dem unteren Anfasser nach rechts ziehen.

Dabei wird die Funktion Bearbeiten-Ausfüllen-rechts ausgeführt. Klicken Sie einige Zellen an, um sich davon zu überzeugen, dass immer die Werte aus der aktuellen Spalte zur Berechnung herangezogen werden.

Anzahl	6	6	6	6	6
Min	4,23	12,25	20,02	39,65	72,94
Max	5,96	13,88	22,85	46,17	85,83
Mittelwert	4,718	13,157	21,522	42,158	79,030
Standardabw	0,602	0,554	1,057	2,212	4,851

Abschließend alle Werte markieren und bis auf zwei Stellen nach dem Komma reduzieren.

17.4 Fehlermeldungen im Excel 2003

Da wir der Übersicht halber eine **Leerzeile** zwischen den Werten, dem drei Berechnungen Anzahl, Min und Max und dem Mittelwert sowie der Standardabweichung stehen gelassen haben, erscheint im Excel 2003 ein kleines **Dreieck**, welches Aufmerksamkeit verlangt.

Wenn Sie dieses Dreieck anklicken, erschein ein Ausrufezeichen. Beim Anklicken dieses Ausrufezeichens können Sie mehr über die Fehlermeldung lesen oder diesen Fehler ignorieren, was in diesem Fall, da die Leerzeile beabsichtigt ist, die beste Lösung ist.

Das läst sich auch für alle Fehlermeldungen auf einmal erledigen.

> ➢ **Markieren** Sie die Zellen mit den Fehlermeldungen, dann einmal ein **Dreieck anklicken** und **Fehler ignorieren** wählen.
>> ✎ Alle Meldungen verschwinden in diesem Fall, da es sich immer um die gleiche Fehlermeldung handelt.

Anzahl	6	6	6	6	6
Min	4,23	12,25	20,02	39,65	72,94
Max	5,96	13,88	22,85	46,17	85,83
Mittelwert	4,718	13,157	21,522	42,158	79,030
Standardabw	0,602	0,554	1,057	2,212	4,851

Kleine **Dreiecke** warnen, da nicht alle obenstehenden Zellen zur Berechnung verwendet werden. Dies könnte ja ein Fehler sein.

Notizen: ....

Kapitel 18

18. Ein Diagramm erstellen

Im Excel können wir aus Daten Diagramme erstellen lassen. Damit lässt sich eine Messreihe anschaulich darstellen und es können Daten, z.B. bei einer Besprechung oder Präsentation vorgeführt werden (das Paradebeispiel: Umsatzsteigerung der Firma oder die Verkaufszahlen der Niederlassungen).

Wir bleiben bei unserer Versuchsreihe:

➢ Wählen Sie **Einfügen-Diagramm** oder das abg. Symbol.

➢ In dem erscheinenden Menü einen **Diagrammtyp** auswählen. Für diese Versuchsauswertung bietet sich folgendes Linienschema an:

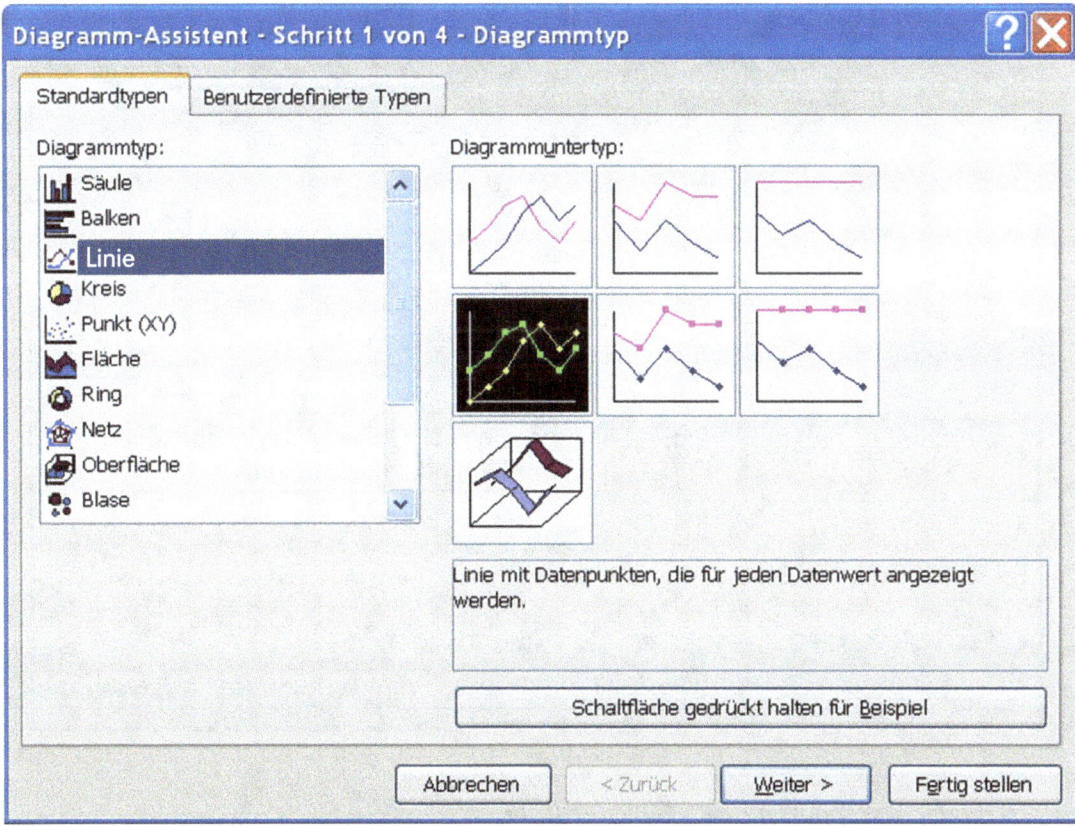

In dem nächsten Fenster nach **Weiter** sollen Sie die **Daten** für das Diagramm markieren. Das können Sie mit der Maus, indem Sie einen Rahmen um die Daten ziehen. Es ist dabei hilfreich, das Fenster zu verschieben, damit die Daten zugänglich sind, und es könnte sogar auf ein anderes Tabellenblatt gewechselt werden, um von dort Daten aufzunehmen.

➢ **Markieren** Sie die Zellen mit den Daten (siehe nächste Abb.).

    ✎ Auch die **Geschwindigkeitszeile** und die Spalte Test 1 bis Test 6 ist mit zu markieren, wenn die Überschriften im Diagramm erscheinen sollen.

    ✎ Sie können mehrmals **korrigieren**, indem Sie den Rahmen neu ziehen.

Geschwindigkeit	30	50	60	70	100
Test 1	4,23	12,25	22,85	43,87	84,98
Test 2	4,37	13,88	20,32	41,52	74,55
Test 3	4,96	13,28	21,45	39,65	77,94
Test 4	5,96	12,95	20,02	46,17	85,83
Test 5	4,45	13,74	22,55	40,47	77,94
Test 6	4,34	12,84	21,94	41,27	72,94

Nach „**Weiter**" erscheint eine Vorschau:

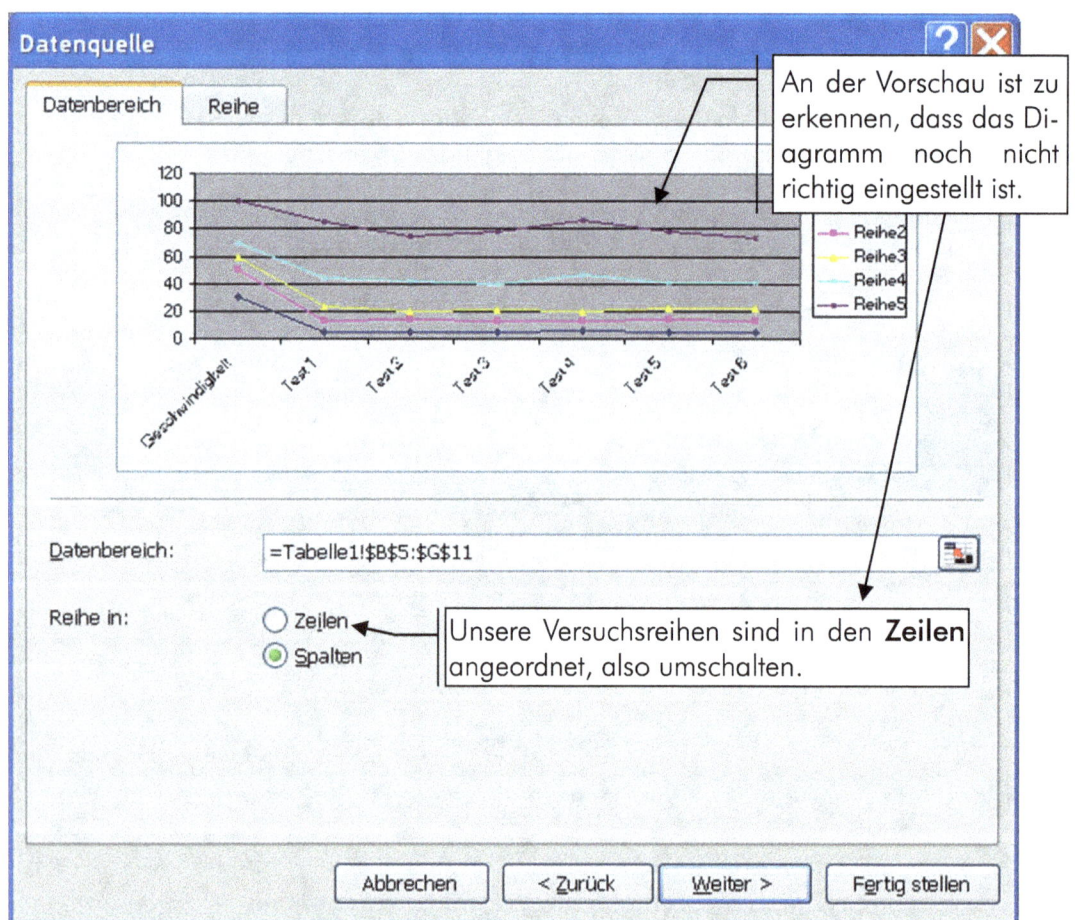

An der Vorschau sind zwei Fehler ersichtlich:

➢ Unsere Versuchsreihen sind in Zeilen angeordnet, also umschalten,

➢ außerdem ist die Zeile mit den Geschwindigkeits-Überschriften noch als Datenreihe angegeben.

Letzteres können Sie auf der Karteikarte Reihe korrigieren:

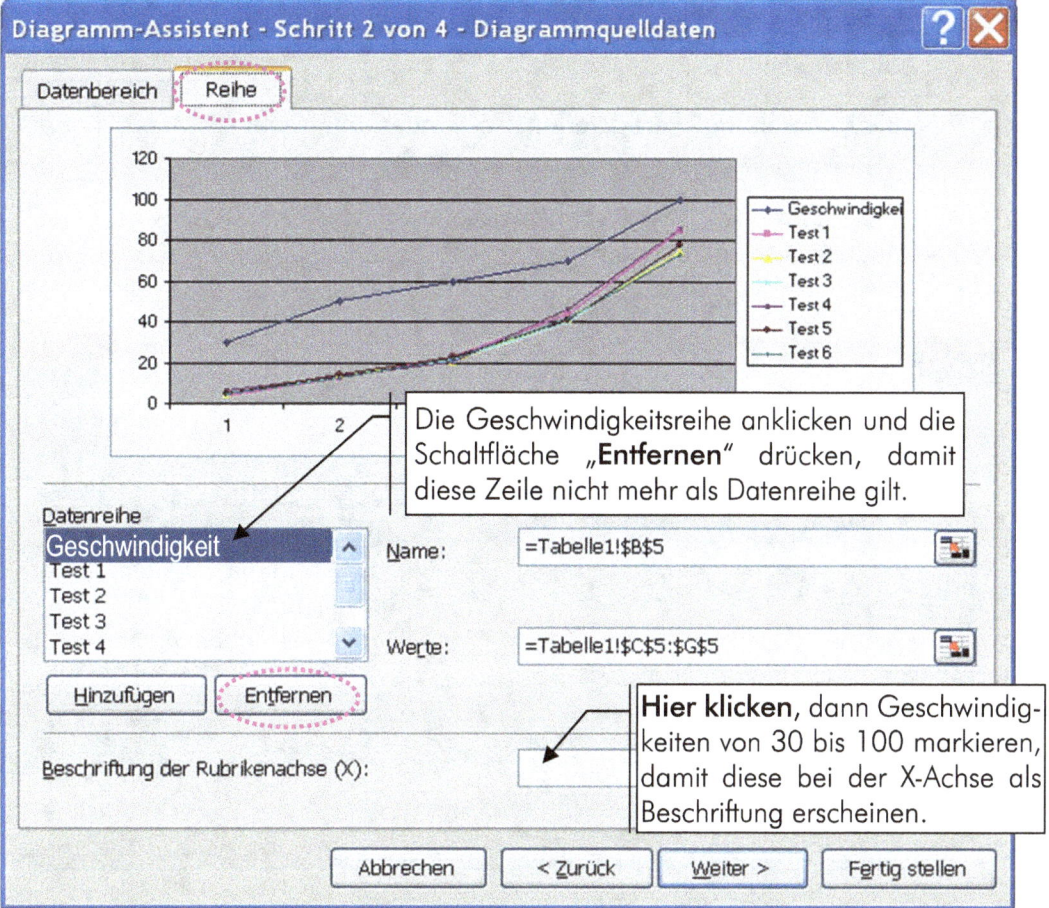

Es folgt nach „**Weiter**" das Einstellmenü, in dem die restlichen Optionen, z.B. die Beschriftungen der Achsen, angegeben werden können.

> Geben Sie die **Achsenbeschriftungen** wie abgebildet an. Evtl. bei **Gitternetzlinien** die senkrechten Hilfslinien (X-Achse) einschalten:

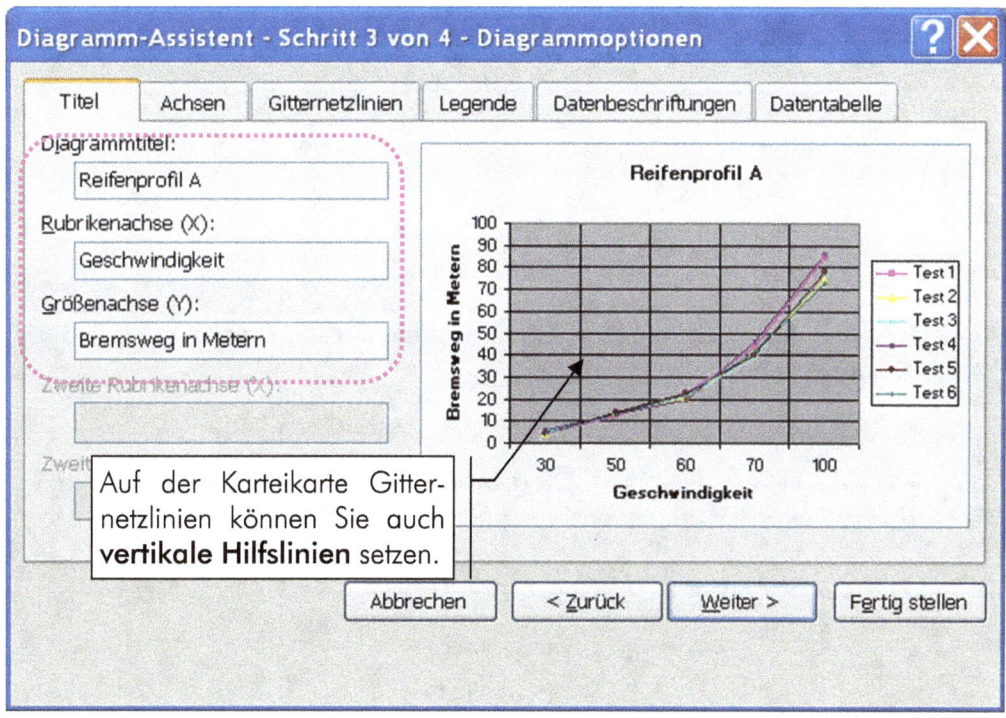

Beachten Sie, dass Sie

- jederzeit mit **zurück** zum vorigen Fenster zurückblättern können, um dort Änderungen vorzunehmen.

- Drücken Sie auf **Fertigstellen**, so werden alle weiteren Menüs übersprungen. Es gelten folglich die Standardeinstellungen.

- Mit **Abbrechen** oder [**Esc**] war alles umsonst. Der Assistent wird ohne jede Auswirkung abgebrochen.

18.1 Als neues Blatt

➢ Mit **Weiter** werden Sie abschließend gefragt, ob das Diagramm auf das aktuelle oder auf ein neues Tabellenblatt eingefügt werden soll:

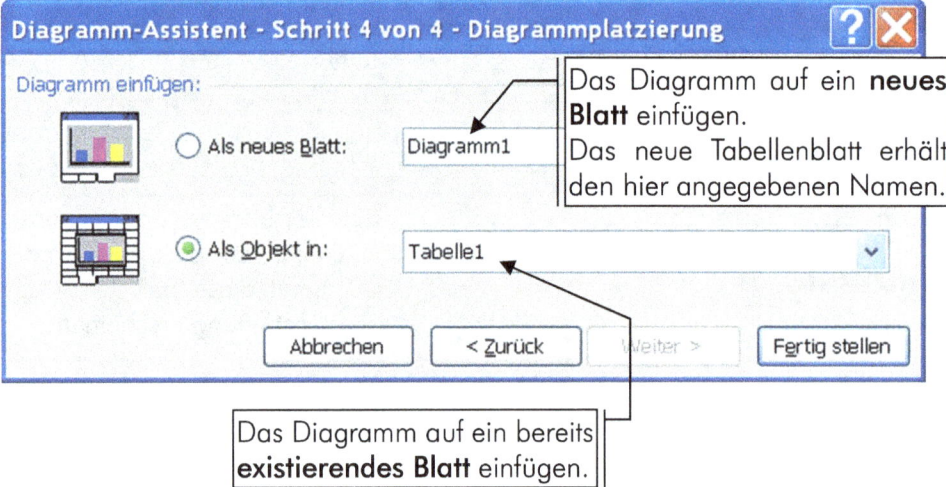

- Mit der ersten Option wird ein neues Tabellenblatt eingefügt, das den Namen Diagramm1 erhalten würde.

- Mit der zweiten Option würde das Diagramm als verschiebbares Objekt auf dem aktuell ausgewählten Tabellenblatt eingefügt.

Wir wollen das Diagramm gleich auf dem ersten Tabellenblatt erstellen, die Daten sollen auf das zweite Blatt.

➢ Wählen Sie deshalb die erste Option „**Als neues Blatt**" und tragen sie als Name „Diagramm" ein.

➢ Weiter nicht mehr möglich, damit wird mit **Fertigstellen** die Grafik auf dem neuen Blatt eingefügt.

➢ Benennen Sie das Blatt „**Tabelle 1**" in „**Daten**" um und

➢ ziehen Sie das neue Blatt „**Diagramm**" an die erste Stelle, das Blatt mit den Daten passend umbenennen:

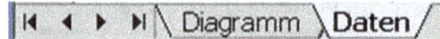

So wird es mit Excel:

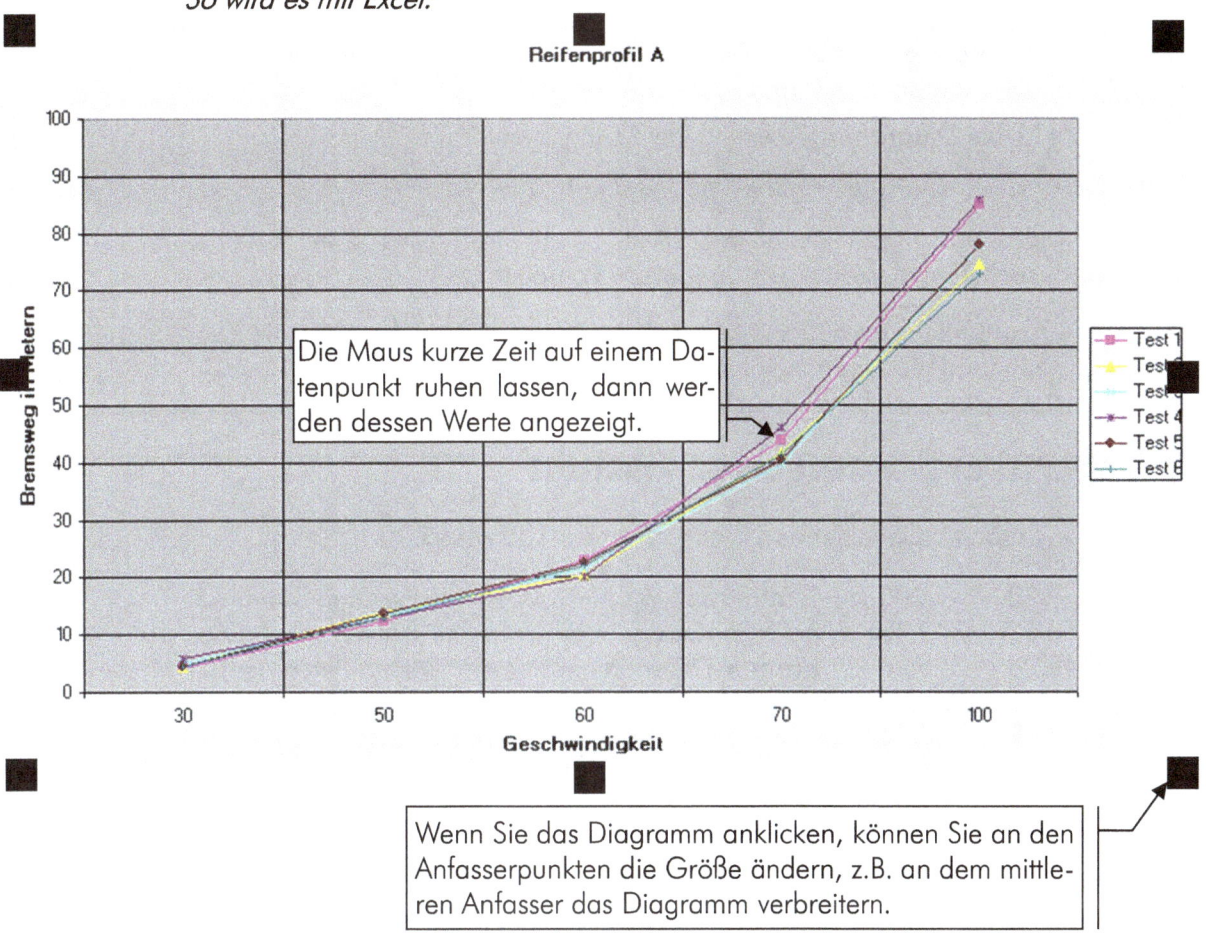

Wenn Sie das Diagramm anklicken, können Sie an den Anfasserpunkten die Größe ändern, z.B. an dem mittleren Anfasser das Diagramm verbreitern.

18.2 Diagramm korrigieren

Sie können ein Diagramm auf zwei Wegen nachträglich ändern.

Entweder mit der Diagramm-Symbolleiste, die erscheint, sobald Sie das Diagramm anklicken:

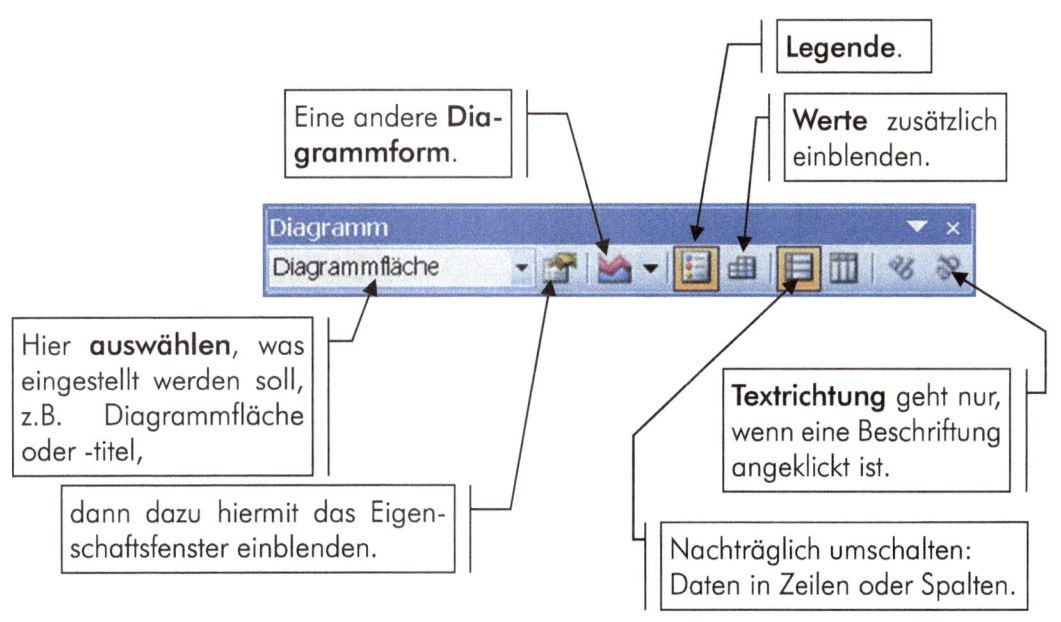

oder mit den Befehlen:

- **Rechte Maustaste** auf Diagramm und einige Befehle erscheinen, um das Diagramm zu formatieren, z.B. können Sie
  - bei **Diagrammtyp** eine andere Diagrammform wählen oder
  - bei **Diagramm-Optionen** Beschriftungstexte ergänzen.
- **Beschriftungen** können angeklickt und mit **[Entf]** gelöscht werden oder noch einmal klicken, um den Text zu korrigieren.
- **Doppelklicken** auf eine Beschriftung öffnet ein Menü, in dem die Zahlen formatiert werden können.

18.3 Werte ergänzen oder löschen

> Ergänzen Sie folgende Daten für **Tempo 130 und 200**:

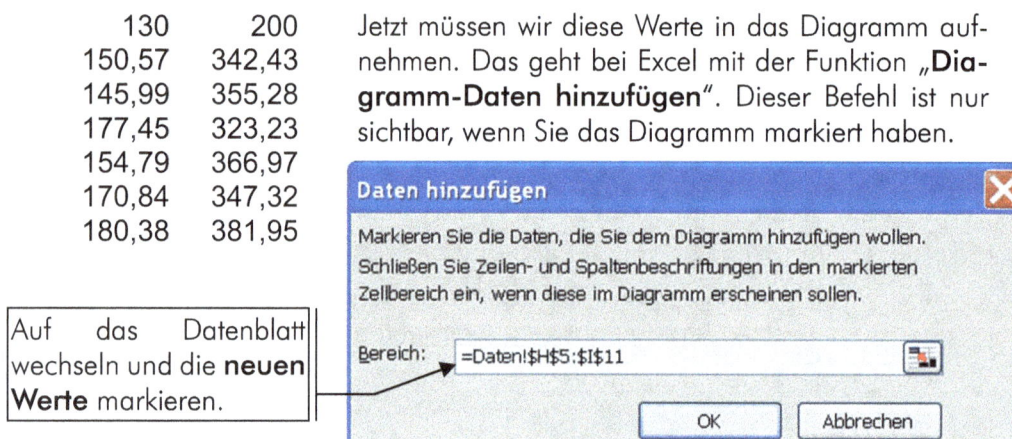

Jetzt müssen wir diese Werte in das Diagramm aufnehmen. Das geht bei Excel mit der Funktion „**Diagramm-Daten hinzufügen**". Dieser Befehl ist nur sichtbar, wenn Sie das Diagramm markiert haben.

Auf das Datenblatt wechseln und die **neuen Werte** markieren.

Noch einfacher geht es, wenn sich das Diagramm auf dem gleichen Tabellenblatt wie die Daten befindet.

> Sobald Sie das **Diagramm anklicken**, erscheint ein blauer **Markierungsrahmen**, der die für das Diagramm verwendeten Daten anzeigt:

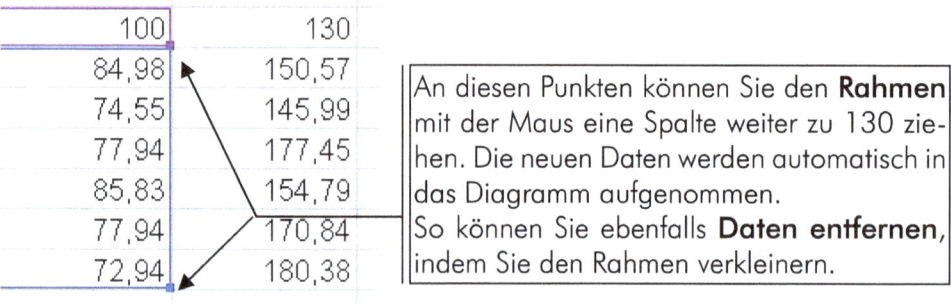

An diesen Punkten können Sie den **Rahmen** mit der Maus eine Spalte weiter zu 130 ziehen. Die neuen Daten werden automatisch in das Diagramm aufgenommen.
So können Sie ebenfalls **Daten entfernen**, indem Sie den Rahmen verkleinern.

Der Markierungsrahmen erscheint nur, wenn sich das Diagramm auf dem gleichen Tabellenblatt wie die Daten befindet!

Hinweis: Die Werte entsprechen in etwa realen Messwerten, was durch folgenden physikalischen Hintergrund erklärt wird:
doppelte Geschwindigkeit bedeutet vierfache Energie, damit viermal so langen Bremsweg.

18.4 Achsenbeschriftungen

Wenn Sie neue Werte aufnehmen, kann es passieren, dass die Geschwindigkeitseinheit durch 1, 2, 3 ..6 für Test 1, Test 2 usw. ersetzt wird. Wie Sie die Werte für die X-Achse vorgeben, ist schwierig zu finden, darum hier ein Hinweis.

- Wenn Sie das Diagramm anklicken und dann **Diagramm-Datenquelle wählen**, können Sie wieder zur zweiten **Karteikarte Reihe** wechseln
- und dort bei „**Beschriftung der Rubrikenachse**" die Geschwindigkeitswerte mit gedrückter Maustaste aus der Datentabelle markieren.

18.5 Abschlussübung

Die Umsätze einiger Filialen sollen grafisch dargestellt werden:

	München	Berlin	Frankfurt
2000	1.245.000,00 €	2.657.885,00 €	2.146.443,00 €
2001	2.564.546,00 €	2.146.455,00 €	1.944.355,00 €
2002	3.165.547,00 €	2.254.454,00 €	1.745.464,00 €

Führen Sie folgendes durch:

➢ Lassen Sie den **höchsten Wert** von allen drei Filialen ermitteln, ebenso den niedrigsten Betrag.

➢ **Formatieren** Sie die Tabelle ansprechend.

➢ Stellen Sie die Werte grafisch in einem **Diagramm** dar (siehe Beispiel). Schalten Sie um zu einigen anderen Darstellungsformen, um diese auszuprobieren.

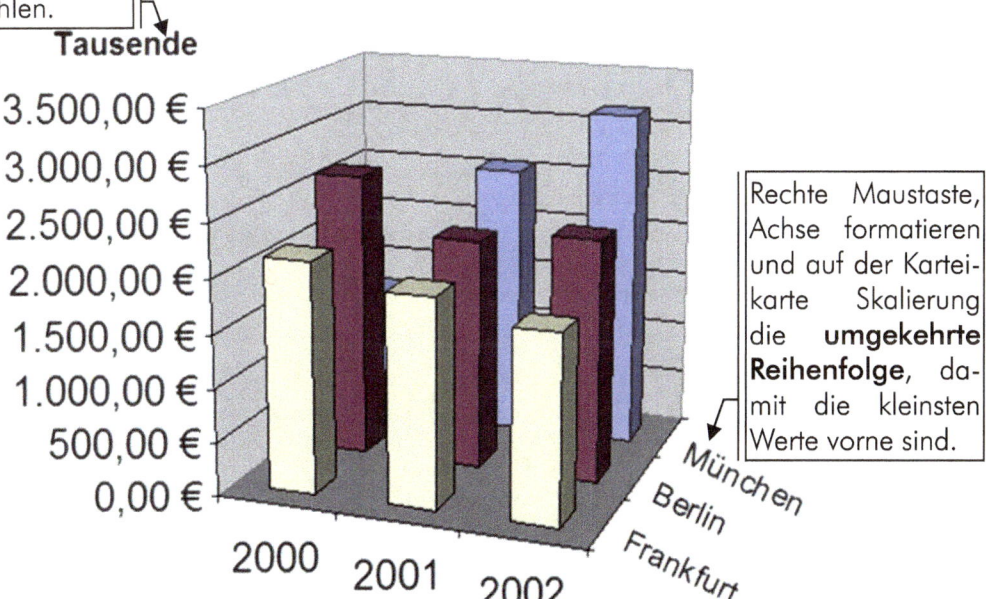

Rechte Maustaste, Achse formatieren und auf der **Karteikarte Skalierung** „Tausende" wählen.

Rechte Maustaste, Achse formatieren und auf der Karteikarte Skalierung die **umgekehrte Reihenfolge**, damit die kleinsten Werte vorne sind.

19. Weitere Übungen

Zum Abschluss noch einige Übungen, um den Stoff zu vertiefen und um einige neue Formeln vorzustellen.

19.1 Eine Reisekostenabrechnung

	A	B	C	D	E
1	Reisekostenabrechnung Meier, Anton				
2	Abrechnung vom	01.06.2002		bis	17.06.2002
3	*16% MwSt.*				
4	Datum	Name	Netto	MwSt 16%	Brutto
5	01.06.2002	Taxi	13,04 €	2,09 €	15,13 €
6	02.06.2002	TÜV	130,43 €	20,87 €	151,30 €
7	03.06.2002	Ikea	100,00 €	16,00 €	116,00 €
8	04.06.2002	DB	141,74 €	22,68 €	164,42 €
9					
10	06.06.2002	Taverne	17,22 €	2,76 €	19,98 €
11	07.06.2002	Taxi	20,87 €	3,34 €	24,21 €
12	08.06.2002	DB	233,04 €	37,29 €	270,33 €
13	09.06.2002	Benzin	58,26 €	9,32 €	67,58 €
14	10.06.2002	Telekom	318,62 €	50,98 €	369,60 €
15					
16	12.06.2002	Taxi	8,61 €	1,38 €	9,99 €
17	13.06.2002	Pizza	33,04 €	5,29 €	38,33 €
18	14.06.2002	Mitropa	13,83 €	2,21 €	16,04 €
19	15.06.2002	Stellplatz	4,35 €	0,70 €	5,05 €
20	16.06.2002	Benzin	47,83 €	7,65 €	55,48 €
21	17.06.2002	Telekom	346,96 €	55,51 €	402,47 €
22		Summe:	1.487,84 €	238,05 €	1.725,89 €
23	*7% MwSt.*				
24	Datum	Name	Netto	MwSt 7%	Brutto
25	05.06.2002	Fachbücher	35,51 €	2,49 €	38,00 €
26	11.06.2002	Bertelsmann	378,50 €	26,50 €	405,00 €
27		Summe:	478,50 €	28,98 €	442,99 €
28					
29				Summe insg.:	2.168,89 €
30				Vorsteuer 7%:	28,98 €
31				Vorsteuer 16%:	238,05 €

Erstellen Sie diese Reisekostenabrechnung. Einige Hinweise:

- Für **jeden Monat** kann ein neues Blatt verwendet werden, der **Jahresabschluss** folgt auf einem weiteren Blatt, dann wird mit **Datei-Speichern unter** eine neue Mappe für das nächste Jahr angefangen.

- Meistens haben Sie **Bruttobeträge** auf den Quittungen, so dass sich folgende Formeln ergeben:
  - für MwSt 19%: **Betrag/119*19**,
  - netto ist dann der **Betrag minus MwSt**.

- Ist ein **Nettobetrag** einzutragen: **Nettobetrag*19%** für die MwSt.

- Getrennte Tabellen für **19- und 7%-MwSt** und eine abschließende Summendarstellung.

19.2 Währungstabelle

Auch mit dem Euro gibt es noch genügend andere Währungen. Kein Problem mit Excel. Zuerst eine Angabe mit einigen Umrechnungskursen, die natürlich nicht aktuell* sind, sondern nur der Übung dienen.

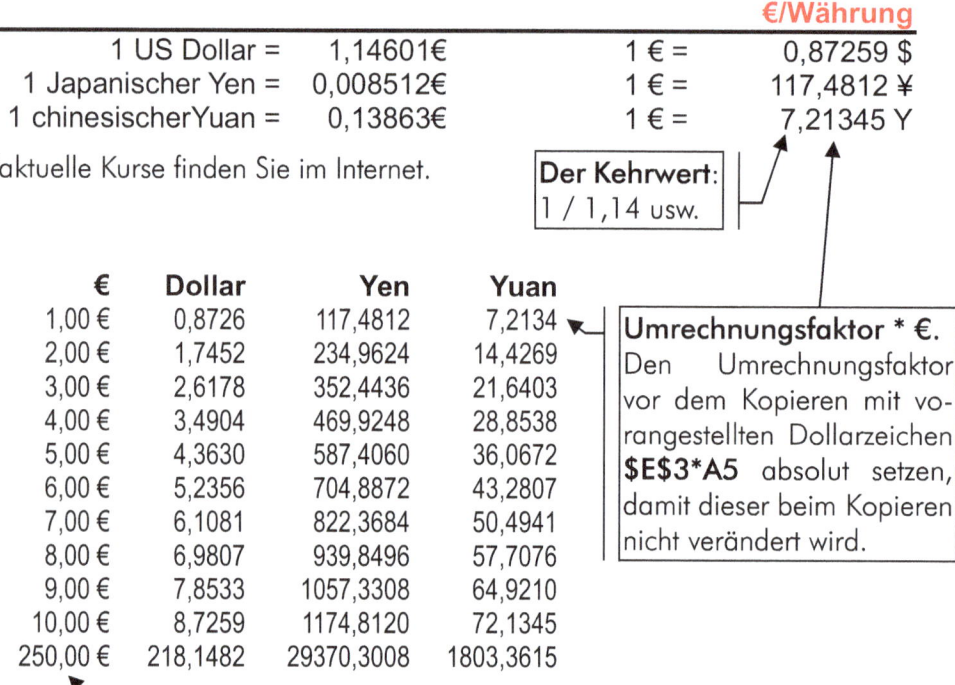

- Da **Formeln** eingetragen sind, brauchen Sie die Liste nicht endlos zu verlängern, sondern nur in der linken Spalte den gewünschten **€-Betrag eintragen**, und Sie erfahren den errechneten Wert in den anderen Währungen.

19.3 Notenauswertung mit SVerweis

Ein Beispiel aus der Schule. Die Noten sollen aus der erreichten Punktzahl und die statistische Verteilung der Noten soll ermittelt werden.

Zunächst wird der Notenschlüssel festgelegt (Tabelle von B4 bis D11):

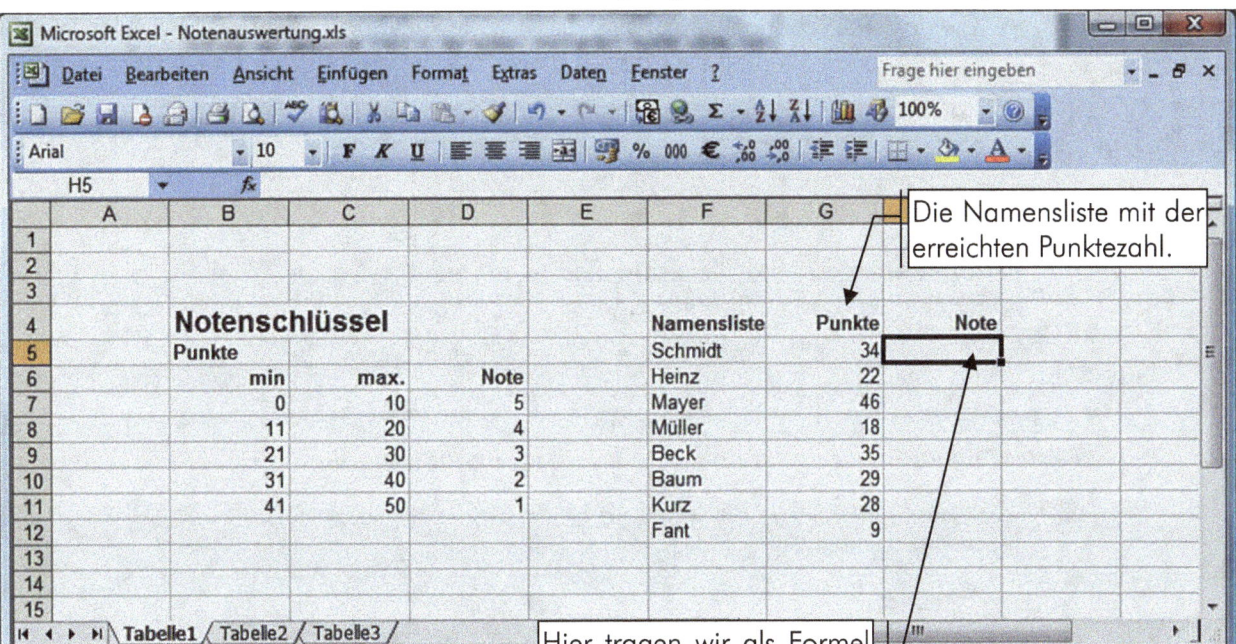

Die **Funktion SVERWEIS** finden Sie im Funktionsassistenten bei „**Matrix**" und natürlich bei „Alle".

Die Formel-Maske:

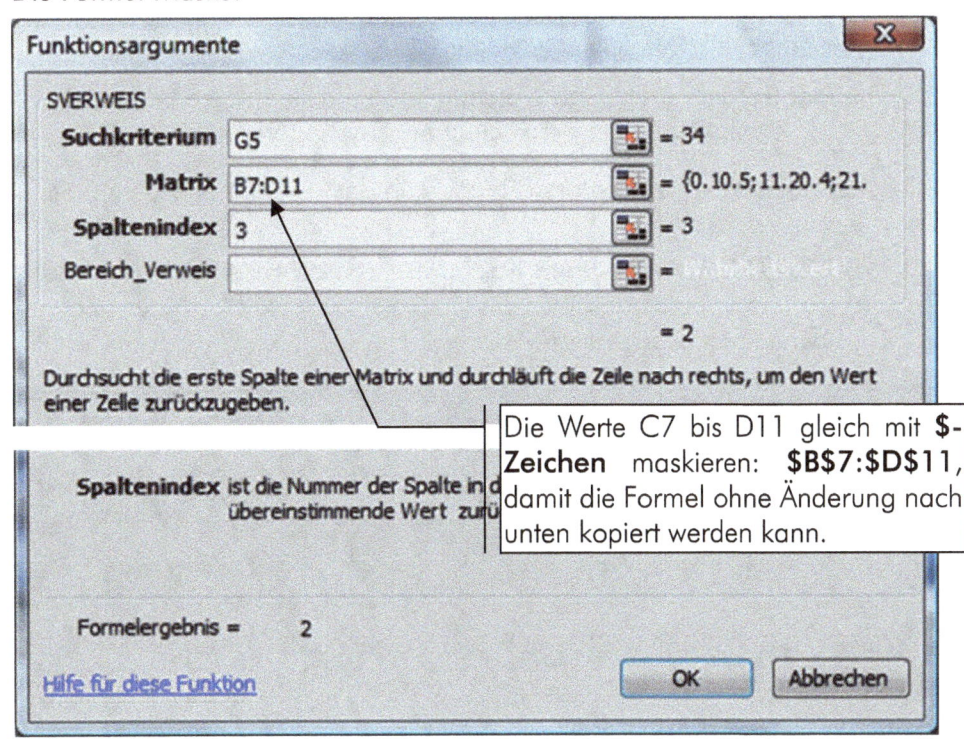

Beschreibung:

- **Nach G5 (=34 Punkte bei Schmidt) wird gesucht.** Dieser Wert wird beim Kopieren relativ verändert: G6, G7 usw.

- In der **Notenmatrix von C7 bis D11** soll die Note für 34 Punkte (=G5, Schmidt) gefunden werden:
  - aus der zweiten Spalte das Ergebnis, aus der ersten Spalte wird ermittelt, wo der Wert einzuordnen ist.
  - Damit beim Kopieren der Formel immer die gleiche Matrix verwendet wird, mit Dollar-Zeichen in der Formel maskieren:
    $C$7:$D$11 (=absolute Bezüge).

- Bei **Spaltenindex** wird die **dritte Spalte** mit den Noten als Ergebnis angegeben, also einfach **3** eintragen.
  - Falls der gesuchte Wert in der ersten markierten Spalte wäre, würden wir 1 eintragen.

Notenverteilung:

Die Notenverteilung soll nun ermittelt und grafisch dargestellt werden. Ergänzen Sie auf dem gleichen Tabellenblatt eine weitere Tabelle.

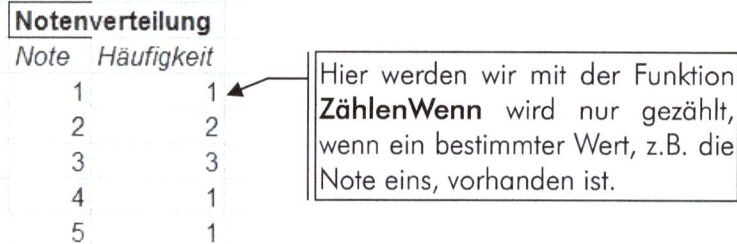

- Die Häufigkeit eines Wertes berechnen wir mit der Funktion bei Statistik: **ZählenWenn**.
  - Bei **Bereich** die vorige Notenauflistung in der Namensliste (H5 bis H12) markieren und mit **$-Zeichen** absolut setzen,

- bei **Suchkriterium** die erste Note 1 in der links abgebildeten Notenverteilungstabelle.
  - **Dieser Wert wird beim Kopieren der Formel relativ verändert,** so dass im nächsten Feld die Häufigkeit der Note 2 in der angegebenen Matrix angezeigt wird.

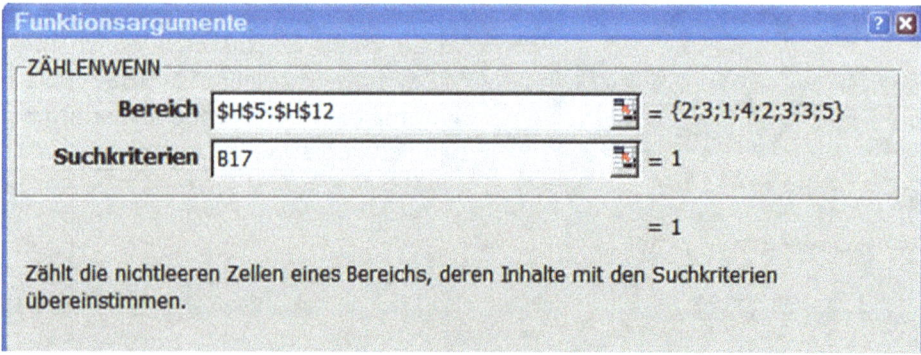

Grafische Auswertung:

Das ist kein Problem mehr für Sie. Erstellen Sie einen **Notenspiegel mit Balkendiagrammen**.

Kleiner Hinweis:

- ➢ Diagramm-Symbol, dann Balkendiagramm wählen, dabei nur die **Häufigkeit der Noten** markieren, nicht die Notenspalte selbst.
- ➢ Die **X-Achse** passt diesmal automatisch.
- ➢ **Y-Achse** anklicken, rechte Maustaste und bei **Achsen formatieren** als **Intervall 1** angeben, da wir nur ganzzahlige Häufigkeiten haben.
- ➢ **Text Anzahl** anklicken, **rechte Maustaste-Achsentitel formatieren** und bei Ausrichtung **um 90° drehen**.
- ➢ Mit anderen **Darstellungsformen** experimentieren.

Natürlich können Sie auch noch den **Mittelwert** errechnen, hier 2,875.

Den Mittelwert finden Sie bei Statistik, dann die Noten der Namensliste als Werte angeben.

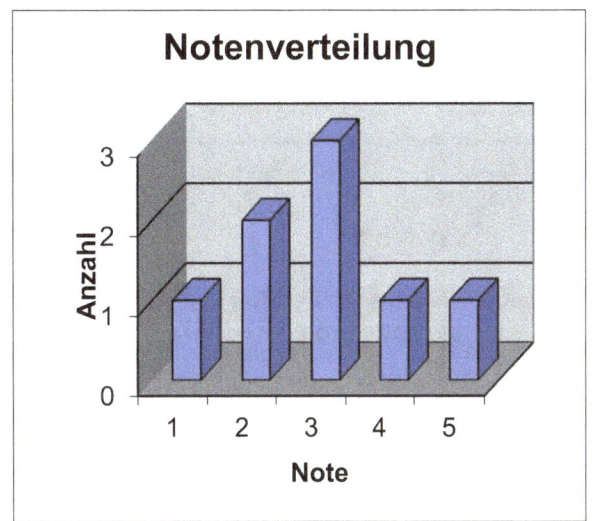

19.4 Monatsgehälter mit Prämien

Das ist ein Fall für **Wenn-Bedingungen**: **wenn** Gehalt über Grenzwert, **dann** Prämie. So soll es werden:

Monatsgehälter					
Vertreter	*Umsatz*	*Grundgehalt*	*Prämie 1*	*LOB*	*Auszahlung*
Mayer	28000	4000	1120	0	5120
Licht	19000	4000	0	0	4000
Untermayer	35000	7000	0	500	7500
Schuster	22000	3600	880	0	4480

- ♦ Bei Prämie 1 wird folgende Wenn-Bedingung (bei Logik) eingefügt:
  - ✎ Wenn B3 (Umsatz) größer als (>) fünf Mal C3 (Grundgehalt),
  - ✎ dann 4 Prozent vom Umsatz, sonst 0.

➢ Zunächst im Formelassistenten die **Kategorie Logik** wählen, dann dort die **Wenn-Bedingung** starten und in der Eingabemaske die **Werte (B3 usw.)** durch Zeigen angeben und die **Formel (>5...) schreiben**.

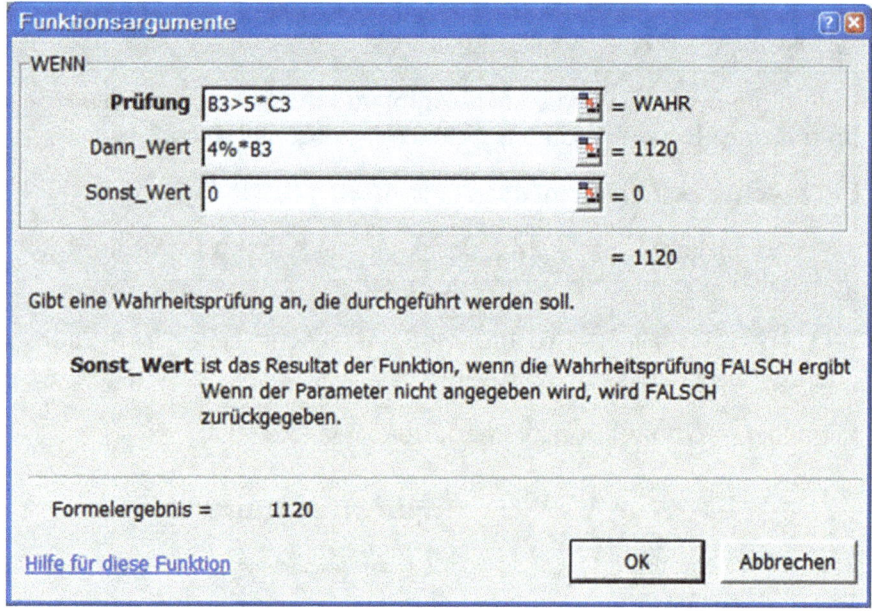

Die Formel bei Lob:

- **Wenn B3** (Umsatz) ist gleich (=) der **maximale Wert** in der Matrix mit den Umsätzen ($B$3:$B$6),
  - 👉 **dann 500** addieren, **sonst 0 €**.

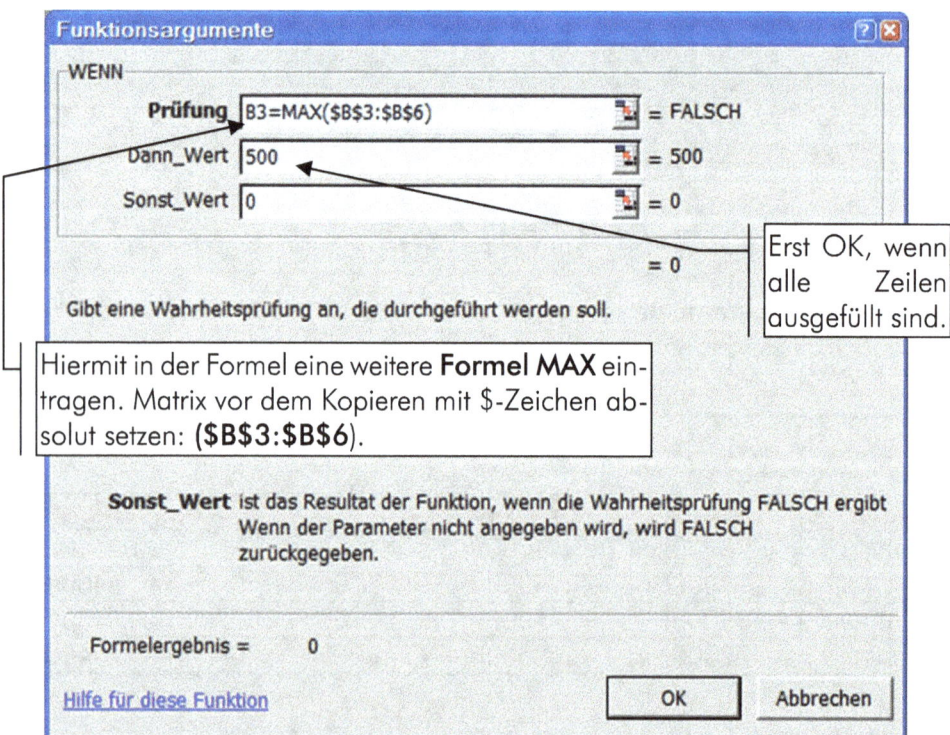

- Bei **Auszahlung** eine simple Summe: **Grundgehalt + Prämie + Lob**.

19.5 Logik

In Excel können wir **WAHR** oder **FALSCH** ausgeben und mit der vorhin durchgenommenen **WENN-Bedingung** verknüpfen, z.B. **wenn rot und blau, dann bunt**. Weitere nützliche Formeln sind **UND oder ODER**.

Das wird am Beispiel erläutert:

Aus einer endlos langen Computerliste mit Daten sollen für eine Werbeaktion folgende herausgefiltert werden:

- Alter über 18 **und**
- Einkommen über 3000,- € **oder** Miete über 1.000, - €.

Die Daten sind bereits in drei nebeneinander liegenden Spalten vorbereitet.

Damit wir nicht eine Riesenformel (auch möglich) erhalten, ermitteln wir in jeweils einer neuen Spalte zunächst diese drei Teilergebnisse.

- Wenn(**Alter**>18;WAHR;FALSCH)
    - d. h.: wenn Alter über 18, dann WAHR, sonst FALSCH eintragen.
- Wenn(**Einkommen**>3000;WAHR;FALSCH)
- Wenn(**Miete**>1000;WAHR;FALSCH)

Jetzt haben wir bereits WAHR oder FALSCH in den neuen Spalten, die wir für das Endergebnis nur noch verknüpfen müssen:

- **UND**(Alter;ODER(Einkommen;Miete))
    - d.h.: Alter > 18 und (Einkommen > 3000 oder Miete > 1000).

> In Worten: die Formel liefert das Ergebnis Wahr, wenn Alter über 18 und entweder Einkommen über 3000 oder die Miete über 1000 liegt.

Die Ausgabe erfolgt als WAHR oder FALSCH:

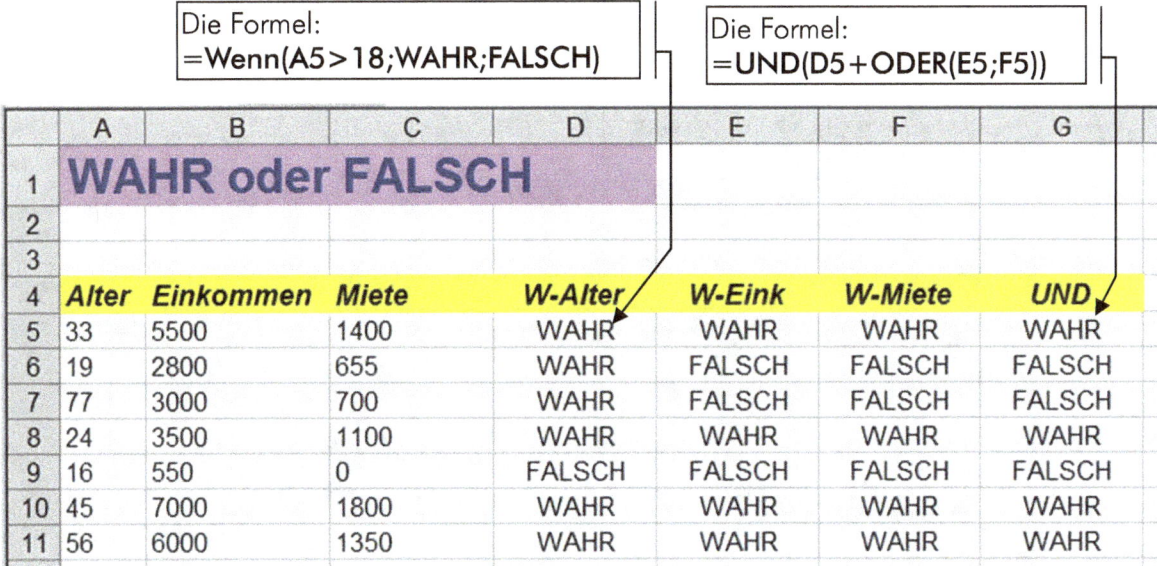

Sie können die Formeln entweder mit dem Formelassistenten eingeben oder später, mit etwas Übung, einfach schreiben. Letzteres ist optimal, wenn eine ähnliche Formel kopiert und modifiziert werden kann.

Das Eingabemenü für die Wenn-Formel bei W-Alter:

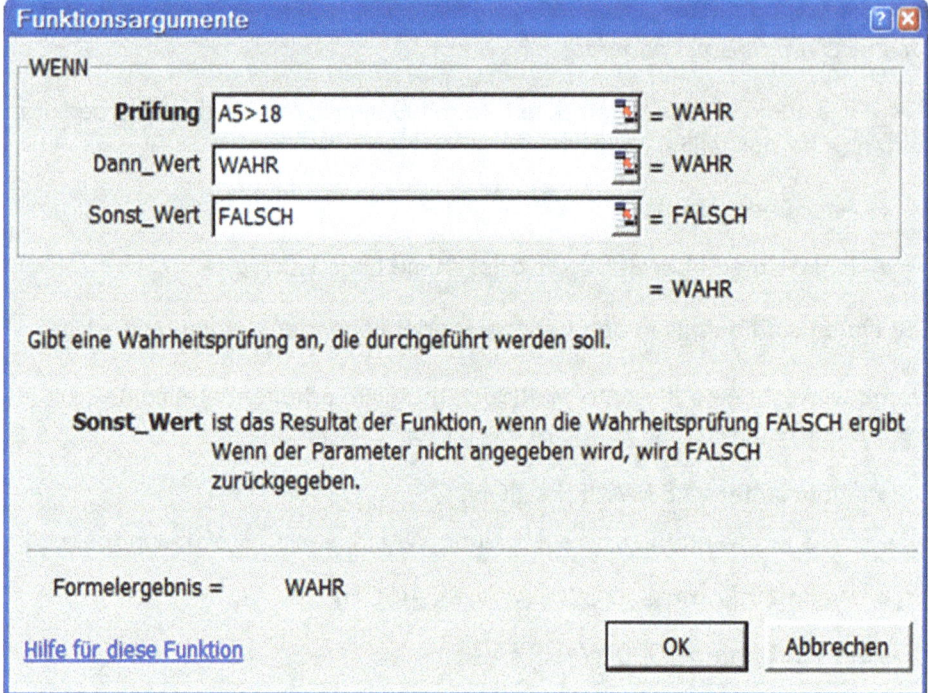

Das ergibt folgende Formel:

=WENN(A5>18;WAHR;FALSCH)

Diese Formel könnten Sie von Hand schreiben oder ändern. Die Bedingungen müssen in den Klammern stehen und durch Strichpunkt getrennt sein.

Danach für W-Eink (>3000) und W-Miete (>1000) die Wenn-Bedingungen eintragen und abschließend diese mit der **UND-Formel** auswerten.

- **UND** finden Sie bei Logik,
  - dann den ersten Wert bei W-Alter anklicken, nach einem +
  - **ODER** und dahinter eine Klammer schreiben, W-Eink sowie W-Miete durch Anklicken zwischen die Klammern setzen.

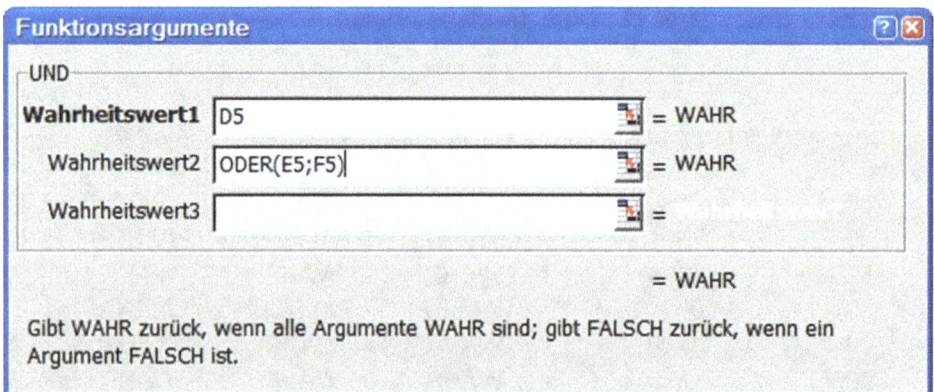

19.6 Trendberechnung

Wenn sich kontinuierlich entwickelnde Daten vorhanden sind, z.B. die Ergebnisse einer Versuchsreihe, Immobilienpreise oder der Firmengewinn, kann Excel mit der Funktion Trend die Entwicklung weiter darstellen – als Fortsetzung der Anfangswerte.

	A	B	C
1	**Gewinnentwicklung**		
2			
3	*Monat*	*Gewinn*	
4	Aug 01	356,00 €	
5	Sep 01	389,00 €	
6	Okt 01	477,00 €	
7	Nov 01	796,00 €	
8	Dez 01	1.557,00 €	
9	Jan 02	3.678,00 €	
10	Feb 02	2.433,00 €	
11	Mrz 02	8.456,00 €	
12	Apr 02	12.644,00 €	
13	Mai 02	15.567,00 €	
14	Jun 02	22.567,00 €	
15	Jul 02		
16	Aug 02		
17	Sep 02		
18	Okt 02		
19	Nov 02		
20	Dez 02		
21	Jan 03		
22	Feb 03		

Ab der **Zelle B15** werden wir den ersten Wert errechnen lassen.

➢ Zelle B15 anklicken und die **Funktion Trend** bei Statistik wählen:

=TREND($B$4:$B$14;$A$4:$A$14;A15)

- Die vorhandenen Werte der Matrix sind zu maskieren (=absolut),
- damit die errechneten neuen Werte ab B15 nicht mit in die weitere Trendberechnung einbezogen werden.

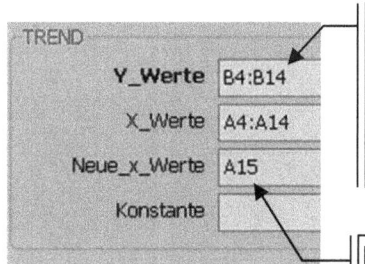

Den Bereich mit den vorhandenen Werten B4 bis B14 mit der Maus angeben, danach maskieren zu $B$4:$B$14, damit sich der Bereich nicht beim Kopieren nach unten verändert, genauso darunter A4:A14 zu $A$$:$A$14 ändern.

Die Zelle mit dem ersten errechneten Wert.

➢ Anschließend das erste Trend-Ergebnis nach unten **in die anderen Zellen ziehen**.

An der Übersicht sind die Trend-Werte ersichtlich:

> **Formatieren** Sie die geschätzten Trendwerte und Jahreszahlen mit einer anderen Farbe.

> Erstellen Sie neben der Datentabelle ein **Diagramm**, dass die Entwicklung anzeigt:

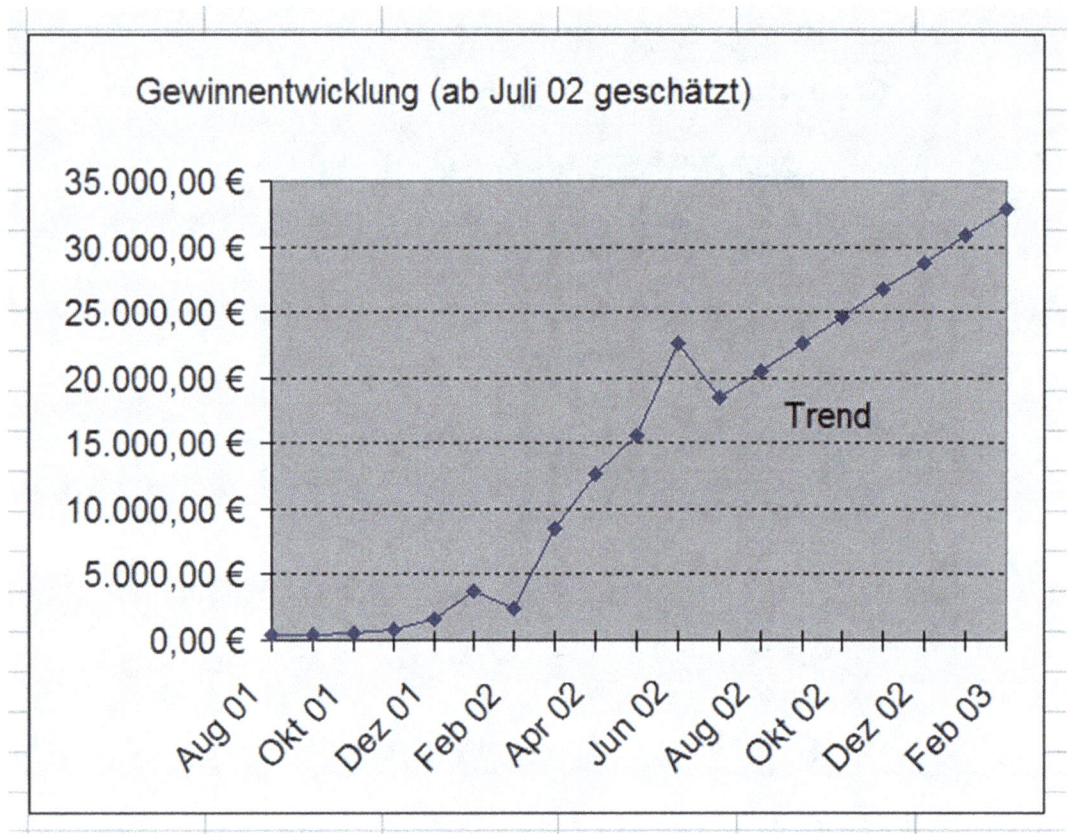

20. Pivot-Tabelle

Das ist eine Sonderfunktion von Excel mit dem Ziel, aus großen, umfangreichen Datensammlungen gewünschte Daten anhand eines Kriteriums herauszufiltern.

Beispiele:

- Aus einer **umfangreichen Datenbank** eines Schmetterlingssammlers sollen die **Daten nach dem Datum sortiert** angezeigt werden.

- Eine Firma hat viele Filialen mit zahlreichen Vertriebsmitarbeitern. Eine umfangreiche Tabelle mit den **Verkaufszahlen der Vertriebsmitarbeiter** existiert. Die Daten sollen z.B. **nach Filiale oder nach Erdteil gruppiert** werden.

20.1 Übungstabelle erstellen

Eine **Übungstabelle** muss nicht so unübersichtlich lang werden, wie dies in der Praxis meist der Fall ist, wenn Pivot-Tabellen benötigt werden. Zur Übung ist es sogar sinnvoller, wenn die Datenmenge überschaubar bleibt, um den Überblick über die Wirkung zu behalten.

> ➤ Erstellen Sie folgende Datenbank:

Mitarbeiter	Umsatz	Filliale	Land
Schulz	3.223.445,00 €	Essen	Germany
Meier	2.342.356,00 €	München	Germany
Müller	376.778,00 €	Frankfurt	Germany
Hagiwara	234.235,00 €	Tokio	Japan
Nguyen	3.452.676,00 €	Hanoi	Vietnam
Schmidt	678.456,00 €	Berlin	Germany
de Hulk	87.435.325,00 €	Amsterdam	Netherlands
Stefinski	574.574.563,00 €	Warschau	Poland
Dimitri	5.745.678,00 €	Petersburg	Russia
Wood	4.356.378,00 €	Philadelphia	USA
Spencer	235.346.457,00 €	NY	USA
McDon	23.556.657,00 €	London	GB
Dostojewsky	5.857.643,00 €	Moskau	Russia

➢ Wählen Sie **Daten-Pivot-Table oder –Bericht**:

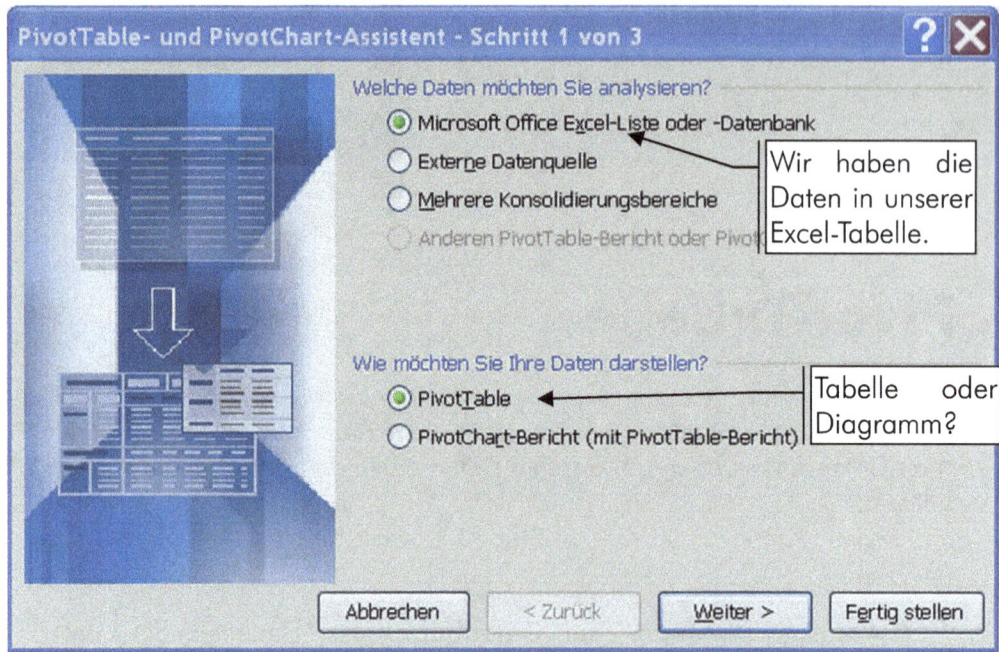

➢ Im folgenden Fenster den **Datenbereich mit gedrückter Maus markieren**:

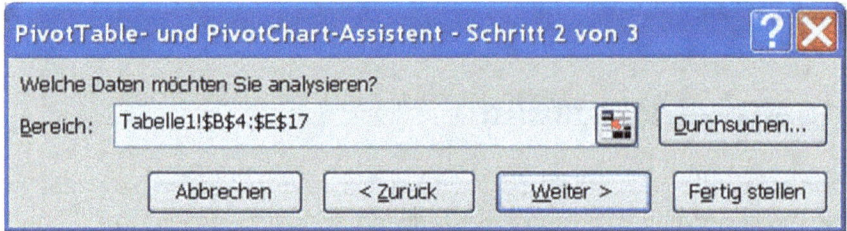

➢ Dann die **gewünschte Position der Pivot-Tabelle** angeben. Die aktuelle Cursorposition ist die Vorgabe, ggf. korrigieren:

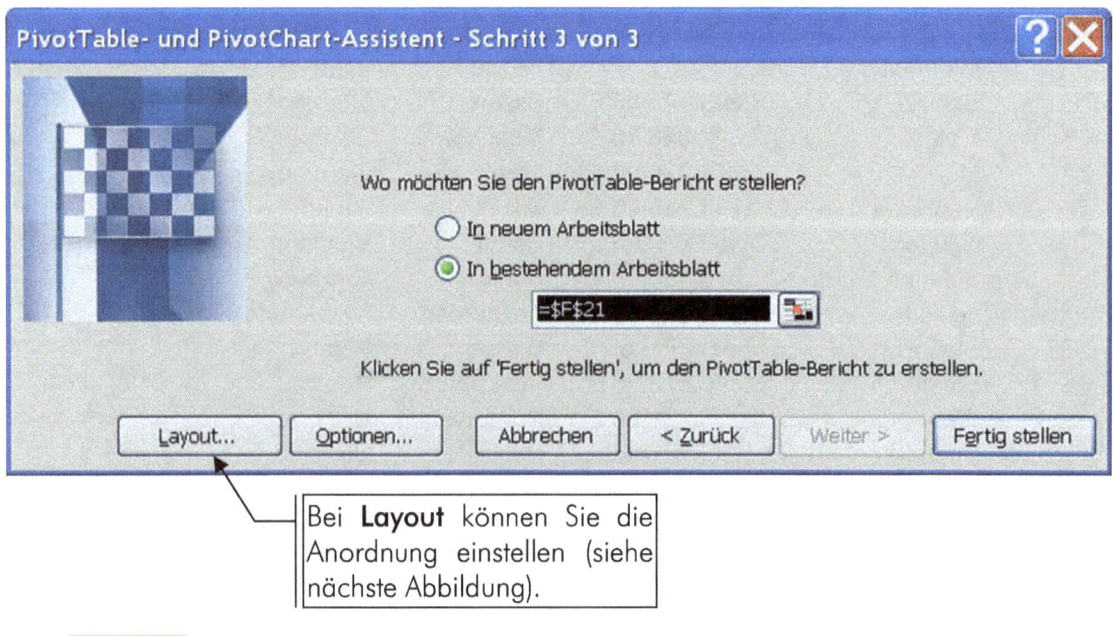

➢ Im nächsten Fenster werden die **Felder angeordnet**:

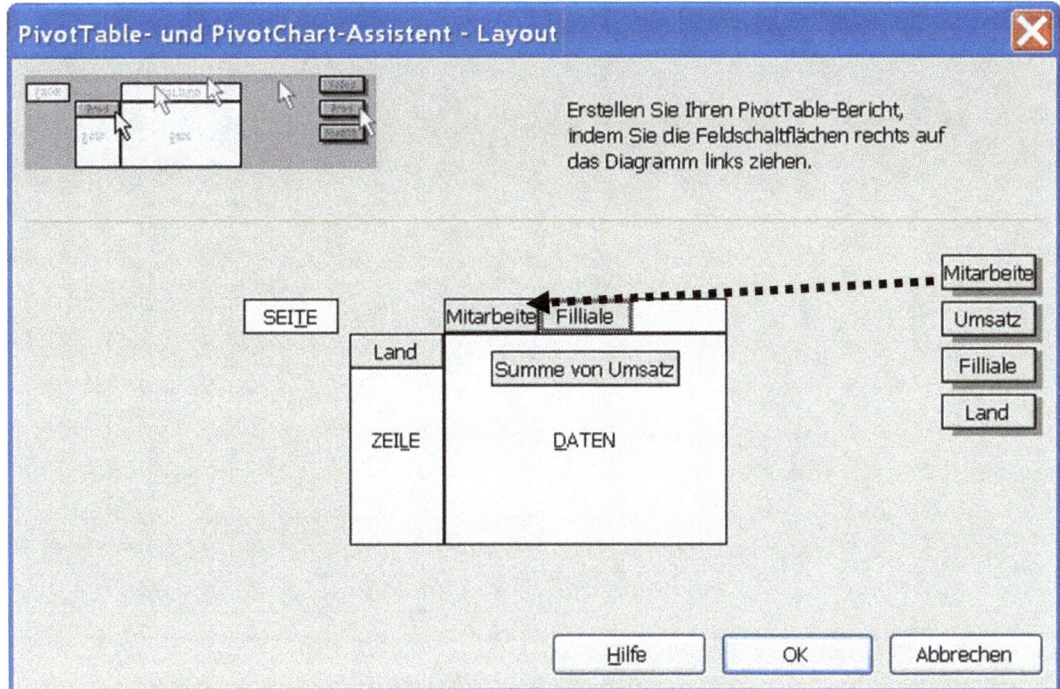

Die obige Anordnung ist so noch nicht ideal. Wir können jedoch die fertige Tabelle weiterhin beliebig umstellen, um die gewünschten Daten wie gewünscht zusammenzustellen, was einer der großen Vorteile ist:

➢ Stellen Sie um, indem Sie **Mitarbeiter** nach oben in eine leere Zelle ziehen und **Filiale** nach links zu der Spalte Land:

Sie können auch an der fertigen Tabelle die **Felder** noch **umstellen**.

Genauso einfach können Sie ein **Diagramm** (Chart) erstellen, in dem die Werte grafisch angezeigt werden.

Mitarbeiter	(Alle)	
Summe von Umsatz		
Land	Filliale	Ergebnis
GB	London	23556657
GB Ergebnis		23556657
Germany	Berlin	678456
	Essen	3223445
	Frankfurt	376778
	München	2342356
Germany Ergebnis		6621035
Japan	Tokio	234235
Japan Ergebnis		234235
Netherlands	Amsterdam	87435325
Netherlands Ergebnis		87435325
Poland	Warschau	574574563
Poland Ergebnis		574574563
Russia	Moskau	5857643
	Petersburg	5745678
Russia Ergebnis		11603321
USA	NY	235346457
	Philadelphia	4356378
USA Ergebnis		239702835
Vietnam	Hanoi	3452676
Vietnam Ergebnis		3452676
Gesamtergebnis		947180647

6. Teil

ANHANG

Es folgen Excel-Funktionen wie die **Überwachung** oder die Verwendung von **externen Daten** oder Funktionen zum **Schutz der Daten**: passwortgeschützter Zugriff auf Arbeitsmappen oder Tabellen oder zum erweiterten Schutz die Excel-Dateien verschlüsselt auf den Datenträgern speichern.

> Diese **Schutzfunktionen** sind sehr effektiv und schützen die Dateien auch vor Ihnen selbst, falls Sie ein Passwort vergessen sollten. Zur Sicherheit Passwort-Manager (Passwort-Verwaltungsprogramme) benutzen oder Passwörter notieren oder Kopien ohne Passwortschutz auf USB-Stick oder anderen externen Datenträgern speichern.

21. Externe Daten, Überwachung

21.1 Externe Daten

Sie können in einer Arbeitsmappe auf Daten anderer Arbeitsmappen zugreifen. Allerdings darf die Quelldatei später weder umbenannt noch verschoben werden, da sonst die Datenquelle nicht gefunden wird. Darum sollte diese Möglichkeit nur bewusst benutzt werden, evtl. durch eine Notiz in der Tabelle darauf hinweisen.

Erstellen wir eine kleine Übung:

> Beginnen Sie eine neue Mappe, tragen Sie einige Werte ein und speichern Sie diese Tabelle als **„Datenquelle"**, dann schließen.

> Beginnen Sie eine **weitere Mappe**, in der wir diese Daten einbinden wollen.

Einige Hinweise zur Angabe externer Daten:

- Der **Dateiname** ist in eckige Klammern [] zu setzen.
- Das **Tabellenblatt** ist ebenfalls anzugeben, zur Trennung gefolgt von einem Ausrufezeichen, nach dem die Zelle mit den Daten anzugeben ist.

Externe Datenquelle angeben:

- Wenn eine externe Datenquelle geöffnet ist, können Sie dort auch Werte durch **Zeigen** auswählen. Dann übernimmt Excel den korrekten Eintrag für Sie.
  - Das ist auch sinnvoll, damit Sie sehen, wie der Eintrag aussehen muss.
- Folgendermaßen kann von Hand auf eine externe Datenquelle verwiesen werden: eine Zelle mit Doppelklicken öffnen, dann den **Dateinamen**, gefolgt von Tabelle1 und einem Ausrufezeichen, dann die Zelle angeben, die die Daten enthält, z.B.:
  =[Datenquelle]Tabelle1!B3 (=[Speicherort+Dateiname]Tabelle+Zelle).

Daten aktualisieren:

- Wenn die Angabe stimmt, können Sie beim Öffnen der Datei oder mittels der Symbolleiste „Externe Daten" die Verknüpfung aktualisieren.

Falls eine Fehlermeldung erscheint:

Wenn z.B. das **Original geändert** wurde (anderer Dateiname oder Speicherort usw.), weist beim Öffnen der Datei der Assistent darauf hin.

> Mit „**Aktualisieren**", dann „Verknüpfung bearbeiten" kommen Sie zu diesem Fenster:

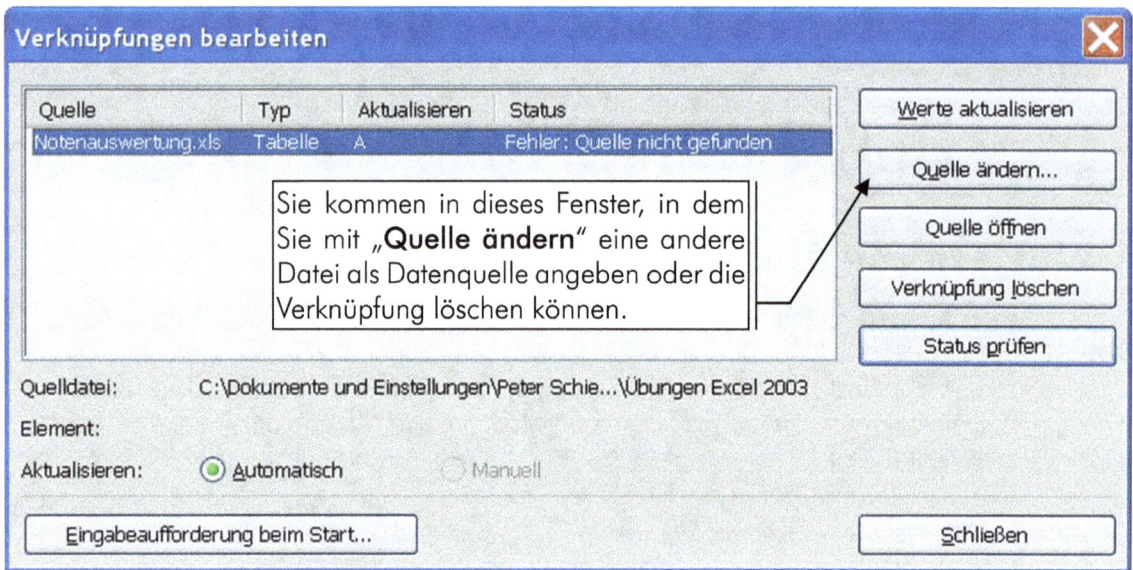

- Dieses Fenster können Sie jederzeit manuell über den Menübefehl **Bearbeiten-Verknüpfungen** öffnen.

21.2 Aus- und Einblenden

Es ist oft ein Problem bei Tabellen, dass diese zu unübersichtlich werden, sobald es zu viele Spalten und Zeilen gibt.

Deshalb können im Excel Spalten oder Zeilen ausgeblendet werden.

> Markieren Sie die Spalte mit den **Vornamen**.

> Wählen Sie: **Format-Spalte-ausblenden**.

Diese Spalte wird nun weder angezeigt noch ausgedruckt. Sie kann jederzeit wieder mit

> **Format-Spalte-Einblenden** aktiviert werden, allerdings nur, wenn
>> zuvor die beiden **Spalten links und rechts** von der ausgeblendeten Spalte **markiert** wurden,
>> d.h. Spalte A und C markieren, wenn Spalte B ausgeblendet wurde.

> Da Sie ausgeblendete Spalten nur an den Spaltenüberschriften erkennen, ist die Gefahr hoch, dass Sie beim späteren Öffnen der Tabelle sich nicht mehr an die ausgeblendeten Spalten erinnern und diese übersehen. Zur Sicherheit sollte ein Kommentar mit Hinweis auf die ausgeblendete Spalte gesetzt werden.

21.3 Formelüberwachung

Bei Ansicht-Symbolleisten können Sie weitere Symbolleisten einschalten. Interessant ist die Symbolleiste Formelüberwachung, da Sie hier anzeigen lassen können, welche Werte zur Berechnung herangezogen werden.

> ➢ Öffnen Sie die **Übung „Notenverteilung"** und klicken Sie eine Zelle an, die eine Formel enthält.

> ➢ Blenden Sie die **Symbolleiste Formelüberwachung** ein und drücken Sie das zweite Symbol **„Spur zum Vorgänger"**.

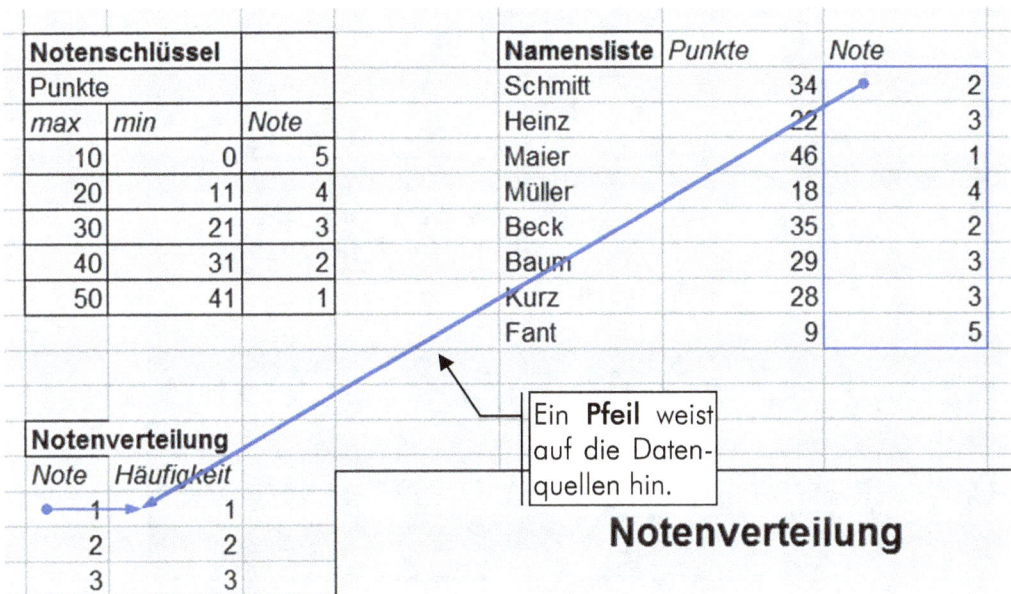

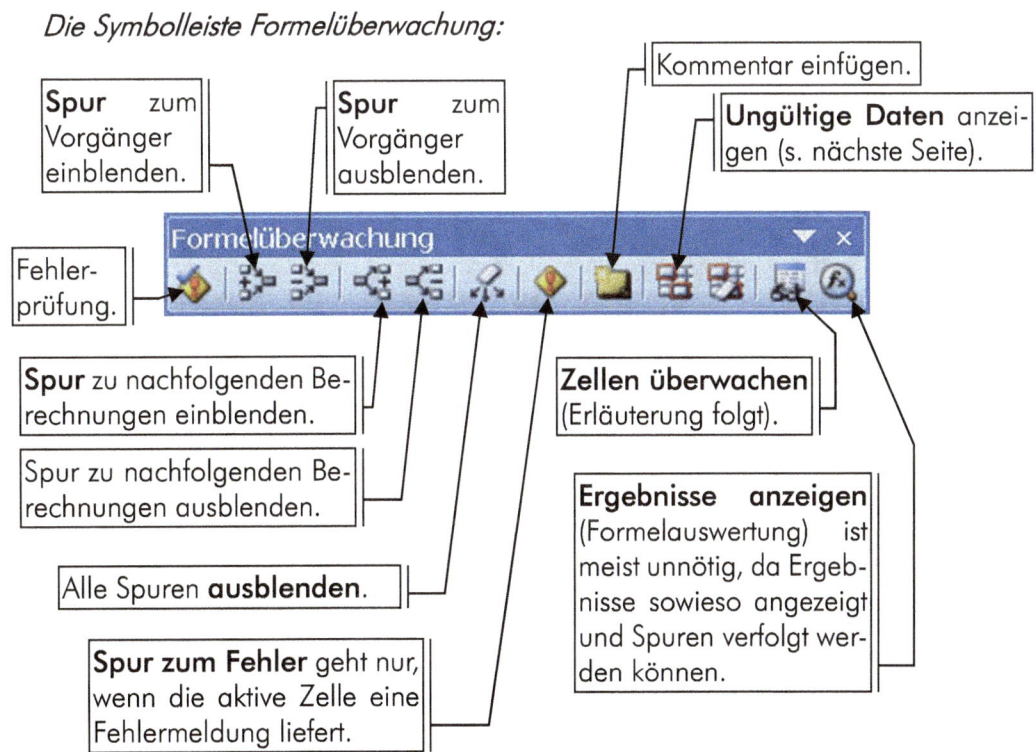

21.3.1 Gültigkeitsregeln

Wenn Sie ungültige Daten anzeigen lassen wollen, sind zunächst Gültigkeitsregeln festzulegen. Der Nutzen ist, dass Fehleingaben erkannt werden können.

> Bei unserem **Notenbeispiel** könnten Sie z.B. die Spalte mit den erreichten Punkten markieren und dann mit dem Befehl **Daten-Gültigkeit** bestimmen, dass nur „Ganze Zahlen" zwischen 0 und 50 Punkten zulässig sind. Danach werden Fehleingaben gemeldet.

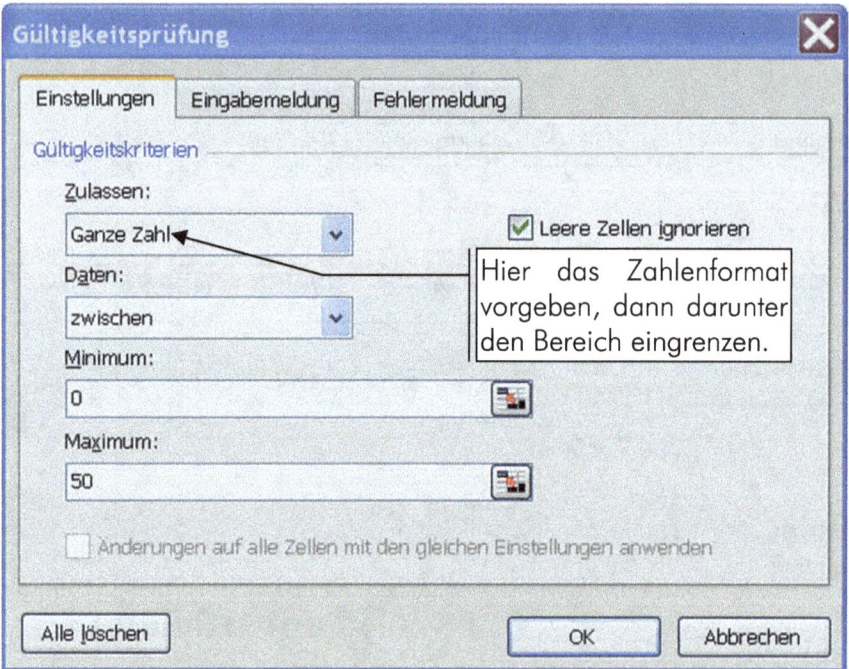

- Auf der **Karteikarte Eingabemeldung** können Sie einen Hinweistext eintragen, der nach einer ungültigen Eingabe oder dem späteren Aktivieren dieser Zelle erscheinen soll,
- auf der **Karteikarte Fehlermeldung** eine Meldung, die angezeigt wird, bis der Wert korrigiert oder die Eingabe abgebrochen wurde.
  > Mit „**Stopp**" können Sie weitere Eingaben unterbinden, bis der Fehler ausgebessert ist oder nur eine **Warnung** oder einen **Informationstext** ausgeben lassen.

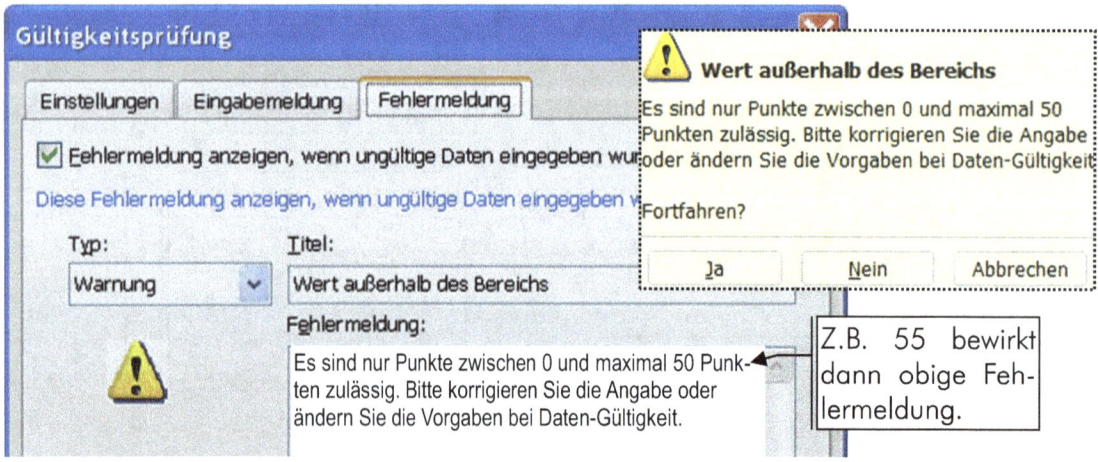

21.3.2 Zellüberwachung

Eine Gültigkeitsregel bewirkt eine Fehlermeldung bei unzulässigen Eingaben, mit der Zellüberwachung können berechnete Ergebnisse überwacht (angezeigt) werden, auch wenn das aktuelle Datenblatt nicht sichtbar ist, da ein Zellüberwachungsfenster die Formel und den aktuellen Wert anzeigt.

- Zur Veranschaulichung könnten Sie mit der Zellüberwachung bei einer Notenauswertung ständig die Anzahl der Fünfer im Auge behalten.

Vorgehen:

> Hierzu die Zelle mit der Häufigkeit für die Note 5 anklicken, dann das Symbol für die **Zellüberwachung** in der Symbolleiste Formelüberwachung anklicken.

> Wählen Sie dann „**Überwachung hinzufügen**":

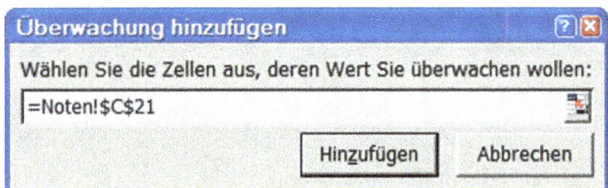

✎ Da der Wert auch angezeigt werden soll, wenn diese Tabelle nicht sichtbar ist, wird der Name des Tabellenblattes vorangestellt.

Jetzt werden in dem Zellüberwachungsfenster die Formel und der aktuelle Wert gemeldet:

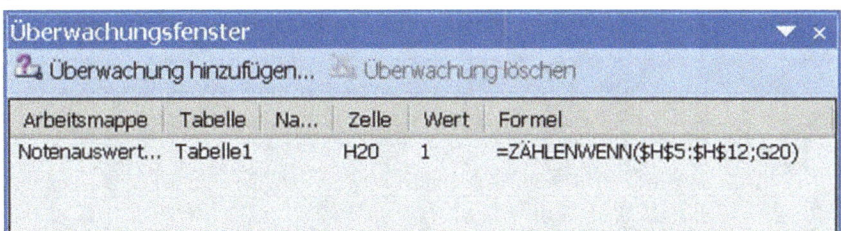

- Dieses Fenster können Sie wie jedes Windows-Fenster an den Rändern verkleinern oder im Excel am Rand als Andockfenster anbauen.

> Weitere zu überwachende Zellen oder einen Zellbereich können Sie mit „**Überwachung hinzufügen**" definieren.

Mögliche Anwendung:

Sie haben ein umfangreiches Projekt, die Werte und Berechnungen sind auf mehrere Tabellenblätter verteilt und Sie wollen das Endergebnis im Auge behalten, während Sie auf Tabellenblättern die Daten ändern.

22. Daten schützen

22.1 Blatt oder Mappe schützen

Daten im Excel können äußerst wichtig sein. Damit nicht einer Ihrer Kollegen oder Sie selbst versehentlich löschen oder ändern, können Sie eine ganze Arbeitsmappe oder nur ein Blatt **schützen**.

Geschützte Blätter können nur noch verändert werden, wenn der Schutz aufgehoben wird. Vergeben Sie ein Passwort, so kann der Schutz nur mit diesem Passwort aufgehoben werden. **Also Passwort keinesfalls vergessen**!

> ➢ Öffnen Sie die **Arbeitsmappe Rechnung**.
>
> ➢ Wechseln Sie zu dem **Blatt Artikel** (siehe S. 61).
>
> ➢ **Extras** anklicken, dann Maus zu **Schutz** weiterbewegen.

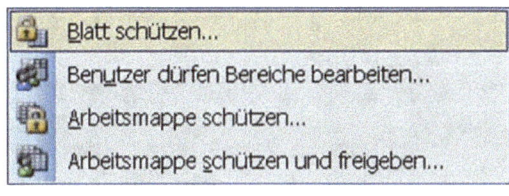

Es gibt drei Möglichkeiten des Schutzes:

- **Blatt schützen**: hiermit wird das aktuelle Blatt geschützt.
  - ↳ Löschen oder Ändern der Daten ist mit Blattschutz nicht möglich!
  - ↳ Bei **Extras-Schutz** finden Sie jetzt **Blattschutz aufheben**, um den Schutz zu entfernen.
  - ↳ Einzelne Zellen können „entsperrt" werden, damit diese trotz Blattschutz verändert werden können.

- **Arbeitsmappe**: nur der Aufbau der Arbeitsmappe wird geschützt.
  - ↳ Bei einer Arbeitsmappe kann nur deren **Aufbau (Struktur)** oder die **Fensteranordnung** (z.B. Vollbild) geschützt werden.
  - ↳ **Löschen** oder Verändern von Daten ist bei geschützter Mappe möglich und kann nur mit dem **Blattschutz** verhindert werden!

- **Arbeitsmappe schützen und freigeben**: die Arbeitsmappe wird geschützt, aber für andere Benutzer im Netzwerk freigegeben – deren Änderungen werden in einem Passwortgeschützten Protokoll aufgezeichnet.

22.1.1 Blattschutz mit änderbaren Bereichen

Wenn Sie die zweite Option „**Benutzer dürfen Bereiche bearbeiten**" wählen, können bestimmte Zellen oder Bereiche angegeben werden, in denen Benutzer die Daten trotz Blattschutz noch ändern dürfen.

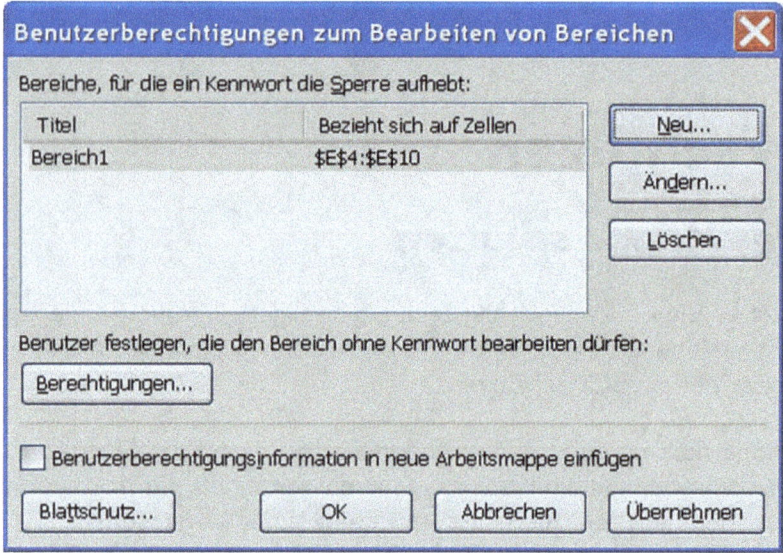

- Mit „**Neu…**" können die Bereiche angegeben werden, die verändert werden dürfen.
    - Dabei kann ein **Passwort** vergeben werden, muss aber nicht.
    - Es können **verschiedene Bereiche** definiert werden, auf die unterschiedliche Benutzer Zugriff haben oder für die verschiedene Paßwörter definiert werden.

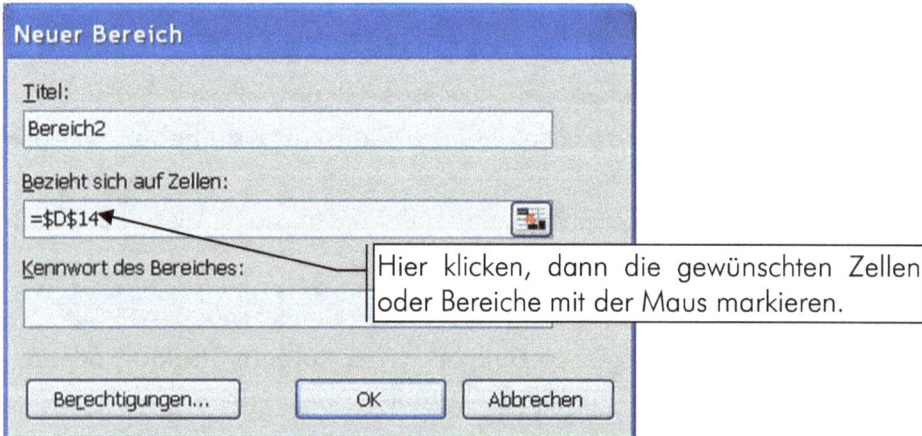

- Bei „**Berechtigungen**" können Gruppen- oder Benutzernamen ausgewählt werden, die diese Zellen ändern dürfen.

> Die **Einrichtung dieser Gruppen- oder Benutzernamen** ist Sache der **Netzwerkverwaltung** und kann nicht im Excel vorgenommen werden.

22.1.2 Blattschutz einstellen

➢ Wählen Sie: **Extras-Schutz-Blatt**.

In dem erscheinenden Fenster können Sie wählen, welche Funktionen eingeschränkt werden sollen:

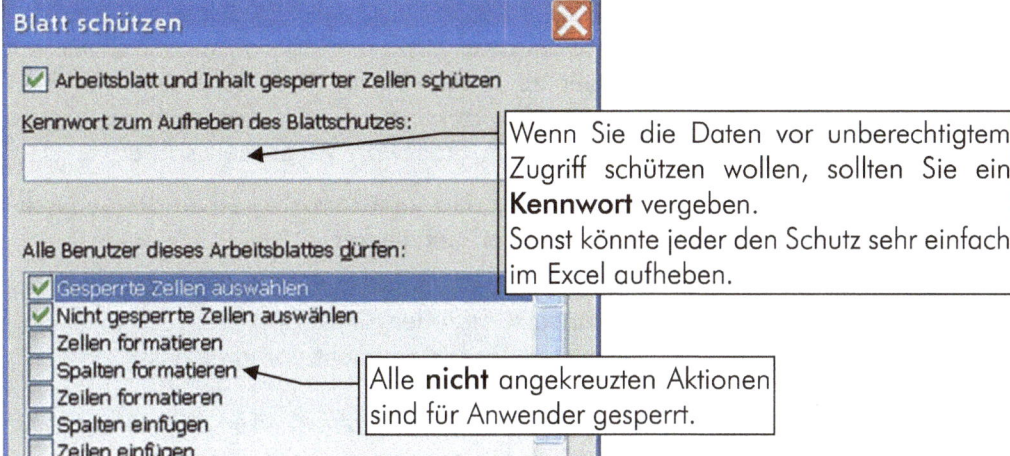

Es bedeutet:

- In der Regel sollten Anwender Zellen auswählen und damit Werte kopieren können. Darum sind „Gesperrte Zellen auswählen" und „Nicht gesperrte Zellen auswählen" aktiviert.

- Benutzer sollen aber nichts verändern oder umformatieren und auf gar keinem Fall löschen können, weshalb die folgenden Aktionen abgeschaltet sind.

- Sie könnten Zeilen, bzw. Spalten formatieren ankreuzen, damit die Anwender die Tabelle anders formatieren dürfen.

Probieren Sie es aus:

➢ Tragen Sie ein **Passwort** ein. Dieses müssen Sie in einem weiteren Fenster noch einmal schreiben. Achten Sie auch auf die Großschreibung!

➢ **Versuchen** Sie anschließend, eine Zelle zu löschen oder den Text zu ändern. **Es erscheint diese Meldung: „Die Zeile oder das Diagramm, das Sie ändern möchten, ist schreibgeschützt. ..."**

Heben Sie den Blattschutz wieder auf:

➢ Da das Blatt geschützt ist, finden Sie nun bei **Extras-Schutz** den Punkt: **Blattschutz aufheben**.

  ↳ Sie werden nach dem **Kennwort** gefragt, ohne dass sich der Schutz nicht aufheben lässt.

➢ **Versuchen** Sie wieder, einen Eintrag zu löschen. Diesmal geht es wieder.

22.2 Daten verschlüsseln

Hackern ist es trotz Schutz vielleicht möglich, an die Daten heranzukommen, z.B. indem eine Datei aus einem anderen Programm geöffnet wird. Einen besseren Schutz bietet daher, wenn die **Daten selbst verschlüsselt**, codiert, abgelegt werden!

Um dieses zu erreichen, gibt es in Excel 2003 die Möglichkeit, die Daten auf den Datenträgern verschlüsseln zu lassen. Damit ist es äußerst schwer oder sogar unmöglich, an die Daten heranzukommen, **was natürlich auch eine große Gefahr bedeutet, falls Sie Ihr Passwort vergessen sollten**!

Bei Extras-Optionen können Sie auf der Karteikarte Sicherheit die generelle Verschlüsselung veranlassen. Kennwort gut merken!

- **Kennwort zum Ändern**: wie beim Blattschutz ist ein Passwort erforderlich, um die Daten zu ändern. Statt dem Passwort kann auch eine Digitale Signatur ausgewählt werden, sofern diese vorhanden ist.

Mit „Erweitert" kann ein auf Ihrem Rechner installierter Verschlüsselungscode gewählt werden:

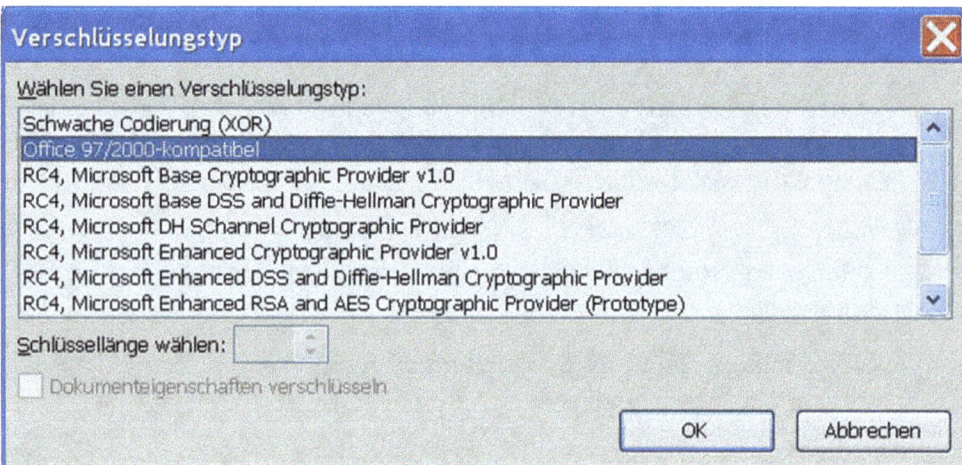

22.3 Andere Schutzmaßnahmen

Wenn Sie vertrauliche Daten vor unberechtigtem Zugriff schützen wollen, gibt es noch diese ergänzenden Methoden:

- **Bildschirmschoner** mit Kennwort verhindern, dass Unbefugte bei Abwesenheit Ihrem Computer benutzen können. Einzustellen im Windows bei Start-Systemsteuerung-Anzeige auf der Karteikarte Bildschirmschoner.

- Im Netzwerk **nur Ordner freigeben, auf die andere wirklich zugreifen dürfen**, sensible Daten in anderen Ordnern speichern.

- Größte Sicherheit bieten nur **Verschlüsselungsprogramme**, die ganze Festplatten oder Partitionen codieren und verhindern, dass diese von anderen gelesen werden können.

23. Index

&

&Register 32

A

Absolute Bezüge .... *Siehe* Bezüge
Ansicht 26
Anzahl 74
   -der Seiten 32
   -der Tabellenblätter 20
Arbeitsmappe 20, 21
Arbeitsspeicher 15
Artikel 61
Aufgabenbereich 91
Ausblenden 87, 138
Ausfüllen 64, 65, 73
Ausschneiden 23
AutoFormat 90

B

Befehle verschwinden 12
Berechnen .... *Siehe* Formel
Bezüge 43, 44, 124, 129
Bildlaufleiste 33
Blatt schützen 98
Blätter 20, 21, 40

C

ClipArts 93

D

Datei 15
   -schließen 17
Daten kopieren 40
Daten schützen 146
Daten, externe 137
Datenbankprogramm 19
Datum 32
   -Berechnungen 60
   -einfügen 59
Diagramm 113–18
Dreieck 112
Drucken 29

E

Einblenden 138
Einfügen 23
Euro 97, 104, 105
EuroValue 76
Excel
   -Endung xls 17
   -starten 10
   -Vorlage 91
Exportieren 62
Externe Daten 137

F

FALSCH 127
Fehlermeldung 112
Fenster anordnen 18
Format übertragen 45
Formatieren 28
   -mit Ausblenden 87
Formatvorlage 99–106
Formel
   -Anzahl 74, 109
   -Eingabe 47
   -Eintrag abkürzen 43
   -eintragen 38, 56
   -Formel kopieren 44
   -Funktions-Assistent 38
   -Häufigkeit 125
   -in der Formel 125
   -kleinster/größter Wert 109
   -Koordinaten eingeben 38
   -Kredit 72
   -Matrix 43
   -Max 109
   -Median 110
   -Mehrwertsteuer 56, 121
   -Min 109

-mit Datum 60
-Mittelwert 109, 110
-ODER 127
-Produkt 41, 45, 56
-Prozent 57, 71
-RMZ 77
-Runden 111
-Standardabweichung 109
-Summe 37, 38, 42, 43, 46, 56
-SVerweis 123
-UND 127
-Varianz 110
-Wenn 125, 127
-Werte zeigen 42, 46
-Zählenwenn 125
Formelüberwachung 139
Freigabe 94
Funktion .... Siehe Formel
Funktionen 84
Funktionsassistent 47
Funktions-Assistent 38
Fußzeile 31, 32

G

Gehaltsberechnung 63
Gültigkeitsregeln 140

H

Häufigkeit 124
Haushaltsplanung 63
Hilfe 26, 84
Hintergrund 93

I

Inhalte einfügen 23
Inkrement 64

K

Kalkulationsprogramm 19
Kennwort 146
Kommentar 58, 66
Kopfzeile 31
Kopieren 23, 40
-auf anderes Blatt 61
-Daten und Formeln 65
-Formatierungen 46
-Formel 42, 44, 124
-in anderes Programm 62
-Inhalte 23
-rel. oder abs. 44
-Symbol 23

-Zeile 24
-Zelle 44
Korrigieren 11
Kredit 71
-Barwert, Endwert 79
-Laufzeit berechnen 72
-RMZ 77
-Zahlungszeitraum 78

L

Layout 29
Logik 127
Lotto 47

M

Markieren
-Blätter 21
-Zeile oder Spalte 22
Matrix 44, 123–29
Mehrwertsteuer 56, 122

N

Nachkommastellen 111
Notiz .... Siehe Kommentar

O

Objekte formatieren 89
ODER 127
Ordner 15, 16
-Voreinstellung 23
-Vorgabe 23

P

Papierformat 29
Pivot 131
Programm starten 9
Protokollieren 94

R

Relative Bezüge .... Siehe Bezüge
RMZ 77
Rückgängig 26
Runden 110

S

Schnellstartleiste 10
Schützen 98, 143

-Schutz aufheben 145
Seite
   -einrichten 29
   -Seitenzahlen 32
Shortcut 12
Smarttag 50
Sortieren 27
Spalte
   -ausblenden 138
   -Breite ändern 22
   -markieren 22
   -optimale Breite 63
   -sortieren 27
   -umstellen 24
Sparen 81
Speichern 15
Standardarbeitsordner 23
Stellvertreter 44
SVERWEIS 123
Symbol
   -Symbol ergänzen 103
   -Symbolleiste Text 28

T

Tabelle 20
   -an Anfang/Ende 33
   -AutoFormat 90
   -formatieren 39
   -wechseln 20
   -zentrieren 30
Tabellenkalkulation 19
Tastatur
   -[Strg]-X, -C, -V 42
TREND 129

U

Überschrift gestalten 45
Übung
   -Abschreibung 49
   -Arbeitsmappe 21
   -Datei speichern 18
   -Format übertragen 46
   -Formatvorlagen 99
   -Formeleingabe 42, 46
   -Gehaltsberechnung 63
   -Kopf- und Fußzeile 32
   -Kopieren und Verschieben 24
   -Kredit 71
   -Logik 127
   -Noten auswerten 123
   -Prämien 125

   -Produkt 41
   -Rechnung 57
   -Reisekosten 122
   -Summe 37
   -Tabelle formatieren 28
   -Telefonliste 10
   -Trend 129
   -Umsätze 119
   -Versuchsreihe 109
   -Währungsrechnung 122
   -Zahlenformat 55
Uhrzeit 32
UND 127

V

Vorlage 91
   -speichern 98

W

WAHR 127
Währungsformat 104, 105
Währungsrechnung 122
Währungsumrechnung 76
WENN-Bedingung 125
Word 62

X

xls 17

Z

Zählen 74
Zahlenformat 75
Zahlenformate 55
ZÄHLENWENN 124
Zeichnen 88
Zeigen 42, 46
Zeile
   -markieren 22
   -optimale Höhe 45
   -Zeilen zählen 74
   -Zeilenwechsel 63
Zelle 22
   -formatieren 39
   -Zellen verbinden 39
Zellüberwachung 141
Zoom 26
Zufallszahl 47
Zwischenablage 92